ハイデッガー＝リッカート往復書簡
1912–1933

ハイデッガー＝リッカート
往復書簡 1912-1933

アルフレート・デンカー 編
渡辺和典 訳

知泉学術叢書 35

Martin Heidegger / Heinrich Rickert
Briefe 1912 bis 1933
und andere Dokumente
edited by
Alfred Denker

© Vittorio Klostermann GmbH, Frankfurt am Main, 2002

Japanese translation rights arranged with
VITTORIO KLOSTERMANN GMBH
through Japan UNI Agency, Inc., Tokyo

凡　　例

1. 本書は，Martin Heidegger/Heinrich Rickert, *Briefe 1912 bis 1933 und andere Dokumente*, herausgegeben von Alfred Denker, Vittorio Klostermann Frankfurt am Main, 2002 の翻訳である。翻訳に際しては，Arnaud Dewalque による仏語訳，Martin Heidegger, Heinrich Rickert, *Lettres 1912–1933 et autres documents*, Édition OUSIA, 2007 を適宜参考にした。

2. 原書は Briefe1912–1933 が最初に置かれ，Dokkumente, 編者のアルフレッド・デンカーによる Anhang, Verzeichnisse という順序で構成されている。本書は，Anhang のうち Anmerkungen zu den Briefen 1 bis 43 を（つまり，各書簡に関する注記のまとまりを），各書簡ごとに分けて配置した。

3. 翻訳に際しては，以下のような表記を用いた。
   ・原文におけるイタリックは傍点で強調されている。
   ・原文におけるギュメ » « は，鉤括弧「」で表した。ただし，書名を表している場合は，二重鉤括弧『　』で示した。
   ・原文における丸括弧（　）は，本書でもそのまま（　）で示した。
   ・原文における編者の補足を表す角括弧［　］は，本書でもそのまま［　］で示した。
   ・文中における山括弧〈　〉は原文にはなく，表現のまとまりなどを把握しやすくするために，訳者が付したものである。
   ・文中における亀甲括弧〔　〕は，訳文を読みやすくするために訳者が付した補足や，原語を示す場合に用いた。
   ・書簡に付されたデンカーによる「注記」は，その箇所を＊

のついた数字で本文中に示した。

・「文書資料」におけるデンカーによる注は，数字のみで示した。

4. 原書に挙げられた収録ドキュメントの所蔵については煩瑣になるため省略した。

5. 邦訳の書誌情報における旧字体は新字体に改めた。また欧文の書誌情報は，比較的知られているものは翻訳を行ったが，そうでないものは基本的には原文のまま示した。

6. 訳者解説の〈資料〉として掲載した，リッカートによるラスク全集の「序文」は，*Emil Lask Gesammelte Schriften*, hrsg. E. Herrigel, 1. Band, J. C. B. Mohr, 1923 の冒頭に置かれたものの翻訳であり，この書簡集の原書には掲載されていない。

目　次

凡　例……………………………………………………………… v

書　簡…………………………………………………………… 3

 1　ハイデッガーからリッカートへ

   フライブルク，1912 年 12 月 13 日 ………………………… 5

 2　ハイデッガーからリッカートへ

   メスキルヒ（バーデン），1913 年 10 月 12 日…………… 7

 3　ハイデッガーからリッカートへ

   フライブルク，1913 年 11 月 15 日 ………………………… 13

 4　ハイデッガーからリッカートへ

   フライブルク，1913 年 12 月 31 日 ………………………… 19

 5　ハイデッガーからリッカートへ

   フライブルク，1914 年 2 月 5 日…………………………… 21

 6　ハイデッガーからリッカートへ

   メスキルヒ，1914 年 4 月 24 日 …………………………… 24

 7　ハイデッガーからリッカートへ

   フライブルク，1914 年 7 月 3 日…………………………… 29

 8　ハイデッガーからリッカートへ

   メスキルヒ，1914 年 11 月 3 日 …………………………… 32

 9　ハイデッガーからリッカートへ

   ミュールハイム，1915 年 10 月 19 日 …………………… 35

 10　ハイデッガーからリッカートへ

   ミュールハイム，1915 年 10 月 31 日 …………………… 38

viii　　　　　　　　目　次

11　ハイデッガーからリッカートへ

　　フライブルク, 1915 年 11 月 4 日 ……………………… 41

12　ハイデッガーからリッカートへ

　　フライブルク, 1916 年 5 月 6 日……………………… 42

13　リッカートからハイデッガーへ

　　ハイデルベルク, 1916 年 6 月 30 日 ………………… 44

14　ハイデッガーからリッカートへ

　　フライブルク, 1916 年 7 月 9 日……………………… 46

15　リッカートからハイデッガーへ

　　ハイデルベルク, 1916 年 7 月 10 日 ………………… 49

16　ハイデッガーからリッカートへ

　　フライブルク, 1916 年 9 月 2 日……………………… 50

17　リッカートからハイデッガーへ

　　ハイデルベルク, 1916 年 10 月 6 日 ………………… 52

18　ハイデッガーからリッカートへ

　　フライブルク, 1916 年 11 月 28 日 …………………… 55

19　リッカートからハイデッガーへ

　　ハイデルベルク, 1916 年 12 月 2 日 ………………… 57

20　ハイデッガーからリッカートへ

　　フライブルク, 1916 年 12 月 14 日 …………………… 59

21　リッカートからハイデッガーへ

　　ハイデルベルク, 1916 年 12 月 23 日 ………………… 63

22　ハイデッガーからリッカートへ

　　フライブルク, 1917 年 1 月 27 日 …………………… 65

23　リッカートからハイデッガーへ

　　ハイデルベルク, 1917 年 2 月 3 日 …………………… 71

24　ハイデッガーからリッカートへ

　　フライブルク, 1917 年 2 月 27 日 …………………… 73

25　ハイデッガーからリッカートへ

　　フライブルク, 1917 年 11 月 19 日 …………………… 76

26　リッカートからハイデッガーへ

目　次　ix

ハイデルベルク，1920 年 1 月 21 日 ·················· 79

27　ハイデッガーからリッカートへ

フライブルク，1920 年 1 月 27 日 ·················· 82

28　ハイデッガーからリッカートへ

メスキルヒ（バーデン），1920 年 8 月 27 日 ·········· 89

29　ハイデッガーからリッカートへ

フライブルク，1921 年 3 月 15 日 ·················· 93

30　ハイデッガーからリッカートへ

フライブルク，1921 年 6 月 25 日 ·················· 98

31　ハイデッガーからリッカートへ

マールブルク，1924 年 4 月 10 日 ················· 101

32　ハイデッガーからリッカートへ

マールブルク，1928 年 2 月 15 日 ················· 103

33　ハイデッガーからリッカートへ

マールブルク，1928 年 5 月 1 日 ·················· 105

34　リッカートからハイデッガーへ

ハイデルベルク，1929 年 7 月 17 日 ··············· 107

35　ハイデッガーからリッカートへ

フライブルク，1929 年 7 月 25 日 ················· 111

36　リッカートからハイデッガーへ

ハイデルベルク，1929 年 8 月 3 日 ················ 115

37　ハイデッガーからリッカートへ

フライブルク＝ツェーリンゲン，1929 年 12 月 1 日 ··· 119

38　リッカートからハイデッガーへ

ハイデルベルク，1929 年 12 月 4 日 ··············· 121

39　ハイデッガーからリッカートへ

フライブルク，1930 年 5 月 20 日 ················· 123

40　ハイデッガーからリッカートへ

フライブルク，1930 年 11 月 26 日 ················ 125

41　リッカートからハイデッガーへ

ハイデルベルク，1932 年 2 月 5 日 ················ 130

x 目 次

42 ハイデッガーからリッカートへ
フライブルク，1932 年 2 月 7 日················ 132

43 リッカートからハイデッガーへ
ハイデルベルク，1933 年 5 月 29 日·········· 135

文書資料

ハイデッガー「自然科学的概念形成の諸限界を超
えるための試み」
（1913/14 冬学期）····················· 138

ハイデッガー「問いと判断」
（1915 年 7 月 10 日）················· 143

ハイデッガー　学位申請書
（1913 年 6 月 30 日）················· 157

ハイデッガー　履歴書と宣誓書
（1913 年 6 月 30 日）················· 159

シュナイダー「ハイデッガー氏の学位論文に関す
る所見」
（1913 年 7 月 10 日）················· 161

ハイデッガー　教授資格志願者
（1915 年 7 月 2 日）················· 163

リッカート「ハイデッガー博士の教授資格論文に
関する所見」
（1915 年 7 月 19 日）················· 165

編者あとがき····························· 169
書簡で言及された著作····················· 173

訳者解説································· 184
訳者あとがき····························· 214
人名索引································· 217

ハイデッガー＝リッカート往復書簡

1912–1933

書　簡

ヘルマン・ハイデッガーへ

彼の父の根気強い遺稿管理人の 80 歳の誕生に
尊敬と友情を込めて

アルフレッド・デンカー

1

ハイデッガーからリッカートへ

フライブルク，1912 年 12 月 13 日

親愛なる枢密顧問官殿[1]

　残念ながら私の健康状態はいまだ改善しておりません[*1]。逆に，私は完全な不眠症にますます苦しんでおり，そのため当分の間，医者からはあらゆる精神的努力を禁止されております。

　このような状況ですので，指定された時間までに私の報告[*2]をまとまったかたちで仕上げられる見込みはありません。後で他人に押し付けたくはないですし，万一の場合には，誰かが現代の哲学者を扱ってくれるでしょう。

　枢密顧問官殿にお願いなのですが，私の健康状態の回復まで演習についてはご容赦願いたく[*3]存じます。

　　心からの尊敬と感謝を込めて

　　　　　　　　マルティン・ハイデッガー

注　記

*1　「残念ながら私の健康状態はいまだ改善しておりません」：ハイデッガーは以前から健康上の問題に悩まされていた。1911 年の夏，彼は心臓の問題と信仰上の危機を理由に，また年長者たちの勧めに従って，司祭になる進路と神学研

---

　1)　（訳注）「枢密顧問官（Geheimrat）」という呼称や大学制度などについては，「訳者解説」を参照。

6 書　簡

究を断念することを決断した。後になっても，ハイデッ
ガーの心臓疾患は表面化した。これについては，本書の書
簡 2，8，9，22，26，27，28 を参照。

*2 「私の報告」：この報告のテーマについては，何も分かって
いない。

*3 「私の健康状態の回復まで演習についてはご容赦願いた
く」：リッカートは 1912/13 年冬学期のゼミナールにおい
て，主観についての教説（これについては書簡 22 を参照）
を扱った。ハイデッガーは同じ時期に，リッカートの講義
「哲学入門（哲学の展開と体系）」を聴講していた。ハイ
デッガーは，1912 年夏学期にはじめてリッカートの講義
「認識論と形而上学への入門」を聴講し，おそらく，平行
して行われた講義「世界観としてのダーウィニズム」も聴
講していた。いずれにせよ，彼はリッカートのゼミナール
「判断論のための認識的演習」に参加していた。

2

ハイデッガーからリッカートへ

メスキルヒ（バーデン），1913 年 10 月 12 日

尊敬する枢密顧問官殿

遺憾ながら，今日までお礼を言うことができませんでしたが，あなたの講義と，とくにゼミナールから得たすばらしい哲学的刺激と教育[*1]に対して，心からの感謝を表明したいと思います。たしかに，私の哲学上の根本見解は〔あなたとは〕別のものですが，それでも，私は，現代の哲学のなかに「まどろみ」の連鎖や「無神論」が残した産物，そうしたものだけを見る，広く知られた貧弱な手法を引き受けるようなことはしたくないのです。

むしろ私は，旧態然たる教条的な見方を放棄することになろうとも，なんらかの仕方で共通の領域を見つけ出すことができるはずだと確信しています。

とりわけ我々の側で努力がなされねばならないとしたら，急いでなされた批判に先立ち，時に困難でほぼ一生を費やす必要のある深い理解を獲得するための取り組みを行うことなのです。「カトリック哲学」の文献全体のなかには今日まで，カントが正しく理解されている書籍も論考もほとんど存在しません。最近では，広い視野をもっているクレーブス博士[*2]でさえ，ファイヒンガーの『かのようにの哲学』[*3]に本来の超越的哲学を見出したと信じています。

私は昨年，ザウアー[*4]編集の『カトリック・ドイツのための文芸展望』[*5]のなかで，論理学における最近の研究

に関する概要*6 を示そうと試みました[1]。「哲学者たち」に
とって，その大部分は知られざる土地〔terra incognita〕
でした。枢密顧問官殿，私が上記のことを書いたのは，古
代のことを知ったかぶる若さゆえの熱意で自己満足したい
がためではなく，こうした方法によって〈哲学すること〉
が行き詰まっていることを明確に認識したからなのです。
他方で，カトリック教徒によってなされた学的な仕事はた
しかに注目されますが，しかし，それは評価されてはじめ
てそうなるのだ，ということを重々承知しています。

　教授殿，私があなたに大変感謝すべき理由があることを
ある程度お分かりいただけると思います。私は自分の修了
試験*7 を，実際には勉学の始まりに過ぎないと見なしてい
ます。もし私の神経が持ち堪えるなら，私はフライブル
クでさらに哲学を研究しようと思っています。枢密顧問官
殿，もし，あなたのゼミナール*8 に私のための空きがある
ならば，それは私にとって大きな喜びと栄誉でしょう。研
究テーマはすでに割り当てられているでしょうが，もしか
したら，私は代替案としてのテーマを提供できるかもしれ
ません。私はあなたの『自然科学的概念形成の限界』*9 第
2 版にこの数週間取り組んでいるからです。その内容自体
に加えて，とりわけ興味深いのは，第 1 版*10 に比べてど
のような鋭さと突破力をもって論理的なものが際立ってい
るのかを検討することです。私はその他の関連文献にも精
通しております。それでもやはり，短くてかまいませんの
で，次の学期のゼミナールで取り組まれる論点や傾向を教
えてくださるならば，非常にありがたく存じます。

　まずは歴史の論理が追求されるので，アウグスティヌス

---

　1)　（訳注）1912 年，この雑誌の第 38 巻 10 号から 12 号に渡っ
て掲載された「論理学に関する最近の諸研究」（ハイデッガー全集第
1 巻所収）のことを指す。

など を 扱う こと は 目的 で は ありません。

心 から の 尊敬 と 感謝 を 込めて
あなた の マルティン・ハイデッガー

注 記

*1 「あなた の 講義 と，とくに ゼミナール から 得た すばらしい 哲学 的 刺激 と 教育」：リッカート は 1913 年 夏 学期 に は 論理 学（理論 的 哲学 の 基礎），1913/14 年 冬 学期 に は カント から ニーチェ に 至る ドイツ 哲学（現代 の 問題 へ の 歴史 的 導入）に ついて の 講義 を 行った。彼 の ゼミナール の タイトル は，「アンリ・ベルクソン の 著作 を 手引き と した 形而上学 に ついて の 演習」と，「歴史 哲学 演習（文化 科学 の 方法 論）」で あった。

*2 「クレープス 博士」：エンゲルバート・クレープス（1881–1950）は フライブルク 大学 神学部 の 私講師 で あった。彼 は 1913 年 に ハイデッガー と 知り合い に なった。二人 の 間 に は 実り 豊か な 友情 が 育った。彼ら は 一緒 に なって 講義 の 準備 を 行った。1916 年 夏 に は，共同 ゼミナール「アリストテレス の 論理学 の 著作 に ついて の 演習」が 行われ た。リッカート の 希望 から，クレープス は 1915 年，ハイデッガー の 教授 資格 論文「ドゥンス・スコトゥス の カテゴリー 論 と 意義 論」を 通読 し，これ に 関する 報告 を 書いた。これ に ついて は，ハイデッガー の 教授 資格 論文 に ついて の リッカート の 所見 を 参照。1919 年，ハイデッガー が カトリック の 体系 と 完全 に 決別 した こと が，友情 の 終焉 を 意味 した。1919 年 から，クレープス は フライブルク 大学 の 教理 神学 の 教授 に なった。1936 年，彼 は ナチス 政権 に よって 職 を 解任 された。1941 年 から 司教 に なり，1945 年 に 復職 した（公刊 著作 など：*Meister Dietrich* 1906; *Was kein Auge gesehen. Die Ewigkeitshoffnung der Kirche nach ihren Lehrentscheidungen und Gebeten* 1918; *Dogma und Leben*, 2Bde. 1921–25; *Grundfragen der kirchlichen Mystik*, 1921）。

10 書　簡

*3 「ファイヒンガーの『かのうように の哲学』」：1912 年 10 月 8 日，クレープスはフライブルクでのゲレス協会[2]の年次総会で，認識批判と神の認識に関する報告を行った。その議論に関して，ハイデッガーはシュトラースブルク出身のルートヴィヒ・アルバート・ラング教授（1868–†?）の批判に同調していた。クレープスの報告は 1913 年に，クレメンス・ボイムカー生誕 60 年記念論集（Münster 1913）に収録され，そのタイトルは「ファイヒンガーの『かのうように の哲学』をとくに顧慮した認識批判と神の認識」であった。ハンス・ファイヒンガー（1852–1933）は優れたカント研究者でありハレ大学の哲学教授であった。彼は『カント研究』とカント協会の創設者でもあった。主著は 1911 年にライプツィヒのフェリックス・マイナー社から出版された『かのように の哲学』（その他の主要著作：*Kommentar zu Kants Kritik der reinen Vernunft*, 2Bde. 1881–92）。

*4 「ザウアー」：ヨゼフ・ザウアー（1872–1949）は，1902 年，教会史に関する私講師になり，1905 年，員外教授に，1906 年からは正教授として，教父神学，キリスト教考古学，芸術史を担当した。彼は二度，学長にもなっている。1910/11 年冬学期に，ハイデッガーは彼のもとで中世神秘主義の歴史に関する講義を，1911 年夏学期には，19 世紀および現代におけるキリスト教芸術の講義を聴講していた。ザウアーは，ハイデッガーが様々な初期論文を投稿した当時の『カトリック・ドイツのための文芸展望』の編者であった。これについてはハイデッガー全集第 1 巻『初期論文集』435–36 頁を参照（著作など：*Symbolik des Kirchengebäudes und seiner Ausstattung in der Auffassung des Mittelalters : mit Berücksichtigung von Honorius Augustodunensis Sicardus und Durandus* 1924; *Reformation und Kunst im Bereich des heutigen Baden* 1918; *Die kirchliche Kunst der ersten Hälfte des 19.Jahrhunderts in Baden* 1933）。

---

2)　（訳注）キリスト教文化などの研究促進のために設立された協会で，ヨーゼフ・ゲレス（1776–1848）にちなんで名付けられた。

2　ハイデッガーからリッカートへ　　11

*5 「『カトリック・ドイツのための文芸展望』」：フライブル
クのヘルダー出版が発行するこの年報に，ハイデッガー
は 1912 から 14 年にかけて次の論文を発表していた。「論
理学に関する最近の諸研究」（第 38 巻，10 号，1912）；書
評「『カント書簡選集』」（第 39 巻，2 号，1913）；書評「ニ
コライ・フォン・ブープノフ『時間性と無時間性』」（第
39 巻，4 号，1913）；書評「フランツ・ブレンターノ『心
理現象の分類について』」（第 40 巻，5 号，1914）；書評
「シャルル・サントルール『カントとアリストテレス』」（第
40 巻，7 号，1914）；書評「『カント語録』」（第 40 巻，8
号，1914）。これらのテクストはハイデッガー全集第 1 巻
『初期論文集』に再録されている。

*6 「論理学における最近の研究に関する概要」：ハイデッガー
は，1912 年にヨゼフ・ザウアーが編集した『カトリック・
ドイツのための文芸展望』に，「論理学に関する最近の諸
研究」というタイトルでこの概要を発表した。

*7 「自分の修了試験」：1913 年 7 月 26 日，ハイデッガーは哲
学部で博士試験に合格し，最優等の成績を得た。彼の学位
論文「心理主義の判断論——論理学への批判的-積極的寄
与」（ライプツィヒ：ヨハン・アンブロシウス・バルト，
1914）は，アルトゥール・カール・アウグスト・シュナ
イダー（1876–1945）によって審査された（付録の所見を
参照）。シュナイダーはキリスト教学（II）の講座を保持
しており，ハイデッガーは 1915/16 年にその職に期待を寄
せていた。シュナイダーは 1913 年にシュトラースブルク
からの招聘を受諾した（著作など：*Die Psychologie Albers
des Grossen : nach Quellen dargestellt*, 2Bde. 1903–06; *Die
abendländische Spekulation des zwölften Jahrhunderts* 1915;
*Die Erkenntnislehre des Johannes Eriugena : Im Rahmen ihrer
metaphysischen und anthoropologischen Voraussetzungen
nach den Quellen dargestellt*, 2Bde. 1921–23）。

*8 「ゼミナール」：リッカートは，1913/14 年冬学期のゼミ
ナールで，歴史哲学と文化科学の方法論を扱った。心理学

は，リッカートによれば，文化科学に属する。

*9 「自然科学的概念形成の限界」[3]：ハインリヒ・リッカート，『自然科学的概念形成の限界――歴史学への論理的入門』，改訂第2版，チュービンゲン，モール社，1912年。

*10 「第1版」：『自然科学的概念形成の限界』の第1版はモール社から1896年に出版された。

---

3) （訳注）この著作はその後，増補改訂を経て第5版（1928年）まで出ている。現在は，2018年から刊行が始まったリッカート著作集の第3巻（二分冊）に，第5版までの異同も含めた批判校訂版として収められている。Heinrich Rickert, *Sämtliche Werke*, Band3/1 u. Band3/2, hrsg. Rainer A. Bast, De Gruyter, 2023.

3

ハイデッガーからリッカートへ

フライブルク，1913 年 11 月 15 日

枢密顧問官殿

　私は残念ながら，〔自分の〕二つの研究発表で他の人の場所を不必要に占めているということを，今朝の時点で考えていませんでした。とくにアウグスティヌスについての研究[*1]は厳密には枠にはまりませんので，私はこの研究を辞退したいと思います。個人的にはこの主題にとても興味があります。

　枢密顧問官殿，もしあなたがこの主題が重要であるとお思いなら，私は最終的には論文に仕上げることができるかもしれません。どのようにゼミナールが行われるのかをもっと以前により正確に知っていたら，喜んで「心理学」の問題に取り組んでいたでしょう。

　マルベによる『心理学に対する行為』[*2]という高度に「哲学的な」著作を読んでいると，非常に執筆したくなりました。

　しかし結局，私はそもそもその著作を批判するのも意味のないものと思いました。それに対し，事柄に関した問題への興味は私をつかんで離しません。ナトルプの『一般心理学』[*3]，フッサールのロゴス論文と『年報』[*4]，リップスの仕事[*5]，『ツークンフト』におけるランプレヒト＝ジンメルの論争[*6]は，資料と視点を十分に提供してくれました。徹底的な調査をするには，いまの時点では時間が足りませ

14   書　簡

ん。

　枢密顧問官殿，もし私に次の夏学期のための提案をお許
しくださるのなら，学としての心理学と，その哲学への関
係を問うことをゼミナールで取り上げるというものになる
でしょう。

　もちろん，全体に一貫した，体系的な秩序をもたらすこ
とは少々難しいでしょうし，細分化を防ぐことも難しいも
のとなるでしょう。それに，十分な数の習熟した研究報告
者が見つかるかどうかもわかりません。

　今日あえて提案を差し上げるのは，学期の最後の時間の
ときよりも確実にご相談できるからです。

　今朝，私の考えでは，数学を引き合いに出す見当違いの
報告者の試みについて，ボルツマン[*7]のある箇所を思い出
しました。彼が述べているのは，数学の微分方程式という
・ア・プ・ロ・ー・チにおいてすでに，必然的に論理的なアトムの概
念が要求されるだろう，ということです。

　もちろんここから存在主義〔Ontologismus〕へと誘惑さ
れてはなりません。この観点はむしろ，純粋数学と最も普
遍的な自然科学との間のアナロジーを許容しているように
思われます。

　　　尊敬を込めて
　　　　　　あなたのマルティン・ハイデッガー

　注　記
*1　「アウグスティヌスについての研究」：この研究は，マール
　　バッハに遺されたハイデッガーの遺稿にも，ハイデルベル
　　ク大学図書館のリッカートの遺稿にも見つかってはいな
　　い。

*2　「マルベによる『心理学に対する行為』」：カール・マル
　　ベ（1869–1953）は心理学者であり，オズワルド・キュル

ペ（1862–1915）とともにヴュルツブルク大学の心理学
研究所を創設した。彼はフランクフルトで教授をつとめ
（1905–1909），その後，キュルペの後任としてヴュルツブ
ルクの正教授になった（1909–1935）。彼の最も重要な発見
は，制御された自己観察〔kontrollierte Selbstbeobachtung〕
であった。ハイデッガーはここで，1913 年にミュンヘ
ンのベック出版から出されたマルベの著書『心理学に対
する行為』に言及している（公刊著作など：*Grundzüge
der forensischen Psychologie* 1913; *Die Gleichförmigkeit
in der Welt. Untersuchungen zur Philosophie und positiven
Wissenschaft* 1916; *Psychologe als Gerichtsgutachter im
Straf- und Zivilprozeß* 1926; *Praktische Psychologie der
Unfälle und Betriebsschäden* 1926; *Selbstbiographie* 1945）。
キュルペはヴュルツブルクとミュンヘンで教授をつとめ，
批判的実在論の主導者であった。ハイデッガーは 1912 年
に発表した論文「現代哲学における実在性の問題」にお
いて，詳細にキュルペに取り組んでいる。これについて
は，ハイデッガー全集第 1 巻『初期論文集』，4–15 頁と
400–07 頁を参照（主要著作：*Kant* 1908; *Einleitung in die
Philosophie* 1910; *Erkenntnistheorie und Naturwissenschaft*
1910; *Die Philosophie der Gegenwart in Deutschland*
1911; *Die Realisierung*, 3Bde. 1920–23; *Vorlesungen über
Psychologie* 1920; *Vorlesungen über Logik* 1923）。

*3　「ナトルプの『一般心理学』」：パウル・ナトルプ
（1854–1924）[1] は 1885 年から 1924 年までマールブルク大
学の教授を務め，ヘルマン・コーエン（1842–1918）とと
もに，いわゆるマールブルクの新カント派の重鎮であっ
た。1912 年に，彼は『批判的方法による一般心理学』を
チュービンゲンのモール社から出版した。1919/20 年冬学
期に，ハイデッガーはこの著作に関するゼミナールを行っ
た。これについてはハイデッガー全集第 56/57 巻『哲学
の使命について』，99–117 頁を参照。1923 年，ナトルプ

---

1)　（訳注）ナトルプの全蔵書は，「ナトルプ文庫」というかたち
で成城大学図書館が所蔵しており，インターネットでその目録を閲覧
することができる。

は，ニコライ・ハルトマンの後任としてハイデッガーをマールブルクへ招聘することに個人的に尽力した。1924年の死まで，ナトルプはハイデッガーと親交を結んでいた。ナトルプに対するハイデッガーの関係については，ハイデッガー全集第19巻『プラトン『ソピステス』』所収の「ナトルプ追悼」，1–5頁と，ハイデッガー全集第3巻『カント』，304–11頁も参照（主要著作：*Platos Ideenlehre. Eine Einführung in den Idealismus* 1903; *Die logischen Grundlagen der exakten Wissenschaften* 1910; *Hermann Cohens philosophische Leistung unter dem Gesichtspunkte des Systems* 1918; *Deutscher Weltberuf. Geschichtsphilosophische Richtlinien* 1918; *Sozial-Idealismus. Neue Richtlinien sozialer Erziehung* 1920; *Individuum und Gemeinschaft* 1921）。

*4 「フッサールのロゴス論文と『年報』」：エトムント・フッサール（1859–1938）は現象学の創始者であり，ゲッティンゲン大学およびフライブルク大学で教授を務めた。ハイデッガーはここでフッサールの「厳密な学としての現象学」，『ロゴス』I所収，1911（Neudruck：Frankfurt am Main：Vittorio Klostermann, 1965）を参照している。『ロゴス』年報は，リヒャルト・クローナーとゲオルク・メーリスによって編集され（ルドルフ・オイケン，エトムント・フッサール，フリードリヒ・マイネッケ，パウル・ナトルプ，ハインリヒ・リッカート，エルンスト・トレルチなどの協力のもと），チュービンゲンのモール社から出版されていた。1913年，フッサールは『哲学と現象学的探求のための年報』の第1巻として，『イデーン』（Halle an der Saale：Niemeyer）を公刊した。この年報に1927年，『存在と時間』が掲載された（主要著作：*Logische Untersuchungen*, 3Bde. 1900–01; *Vorlesungen zur Phänomenologie des inneren Zeitbewußtseins* (Hrsg. von M. H.) 1928; *Formale und transzendentale Logik* 1929; *Cartesianische Meditationen* 1932; *Die Krisis der europäischen Wissenschaften und die transzendentale Phänomenologie* 1936）。

3 ハイデッガーからリッカートへ　　17

*5 「リップスの仕事」：ボン大学およびミュンヘン大学の教授であったテオドール・リップス（1851–1914）は，回顧的分析心理学を哲学全体にとっての基礎科学とした。彼は自らの現象概念によって，アレクザンダー・プフェンダー（1870–1941）やマックス・シェーラー（1874–1928）などの彼の学生の現象学的転回を準備し，一部では〔彼らと共に〕この転回を行った。ハイデッガーは，おそらく，1913年にライプツィヒでエンゲルマン出版から出されたリップスの著作『心理学探求』第2巻，3分冊の2の特別版『導入のため』を参照していると思われる。これについて，ハイデッガー全集第1巻『初期論文集』，125–59頁を参照（主要著作：*Grundzüge der Logik* 1893; *Vom Fühlen, Wollen und Denken* 1902; *Leitfaden der Psychologie* 1903; *Ästhetik*, 2Bde. 1903–06）。

*6 「ランプレヒト＝ジンメルの論争」：カール・ランプレヒト（1856–1915）はマールブルク大学とライプツィヒ大学で歴史学の教授を務めた。彼は，歴史を，学問，権利，体制における物質状態の規則的な連続性として把握することで，歴史記述を厳密な学問のあり方へと高めようと努めた。こうした試みは，精神文化の状態の発展としても理解されるようになり，後に，ヴィルヘルム・ヴントの影響のもと，心的・社会的な諸力の規則的展開としても把握された。これによって，彼は激しい方法論の論争を誘発することになり，そうした彼のやり方は，ドイツの歴史記述における社会史の受容を促進するというよりもむしろ妨げる方向に働いた（主要著作：*Deutsches Wirtschaftsleben im Mittelalter*, 4Teile 1885–86; *Deutsche Geschichte*, 16Teile und 3Erg. Bde. 1891–1909; *Die kulturhistorische Methode* 1900; *Einführung in das historische Denken* 1912）。

　　ゲオルク・ジンメル（1858–1918）はシュトラースブルク大学の哲学教授であり，生の哲学を代表する人物の一人であった。彼は形式社会学の実質的な創設者である（膨大な仕事のなかで重要な著作：*Die Probleme der Geschichtsphilosophie* 1892; *Philosophie des Geldes* 1900; *Soziologie* 1908; *Hauptprobleme der Philosophie* 1910;

Goethe 1913)。とりわけ,『生の直観——四つの形而上学的章』(Leipzig : Duncker & Humblot 1918) はハイデッガーに大きな影響を与えた。

この論争では,哲学講師たちによる声明へのランプレヒトの反応が問題となっていた。その声明とは,実験心理学の代表者を哲学の講座担当者に任命することに反対するというものであった。このランプレヒトの反応に対してジンメルは「カール・ランプレヒト教授に向けて」というテクストで応答している。ランプレヒトはこれに関して再び立場を表明した。この論争は 1913 年,マクシミリアン・ハルデンが編集する雑誌『ツークンフト』第 85 号で決着がついた。

*7 「ボルツマン」: ルートヴィヒ・エドゥアルト・ボルツマン (1844–1906) はウィーン,グラーツ,ミュンヘン,ライプツィヒの各大学で数学の教授を務めた。彼はとりわけ原子の運動理論や熱力学に取り組んでいたが,他方では光,気体,電気の理論にも関心を持っていた。有名なマックスウェル・ボルツマンの法則は,すべての異なる運動方向に対して,各原子は同じ量のエネルギーを使用するというものである。ボルツマンは統計力学の創始者でもある。ハイデッガーがここで,ボルツマンの膨大な著作のどれを参照しているのか,特定することができなかった(重要な公刊著作: *Vorlesungen über Maxwells Thorie der Electricität und des Lichtes* 1891–93; *Vorlesungen über Gasthorie* 1896–98; *Über einen mechanischen Satz Poincarés* 1897; *Über die Grundprincipien und Grundgleichungen der Mechanik* 1899)。

4

ハイデッガーからリッカートへ

フライブルク，1913 年 12 月 31 日

枢密顧問官殿

　年を終えるにあたって，枢密顧問官殿，私がゼミナールから得た多くの刺激[*1]に対して心から感謝申し上げます。
　また同時に，あなたが高い目標を必ず達成しますよう，祈念いたします。
　あなたが最新のロゴス論文[*2]で哲学的な学問に提示した構想を実現するために，研究に向かう衰え知らずの力が常時与えられますように。
　まさにこの論文で，哲学がいかに深く指針を与えるものとして生に入り込んでいるのかを，私は新たに認識するようになりました。
　この事実はあらゆる哲学的な研究にとって励みにならねばなりません，というのも，自分が辺鄙で不毛な領域に身を置いているわけではない，ということがはっきりするからです。

　　改めまして心から新年のご挨拶を，
　　心からの尊敬を込めて
　　　　　　あなたのマルティン・ハイデッガー

注　記
*1 「私がゼミナールから得た多くの刺激」：そのゼミナールの

20　　　　　　書　簡

　タイトルは「歴史哲学のための演習（文化科学の方法論）」
であった。

*2　「ロゴス論文」: Heinrich Rickert, »Vom System der Werte«.
In : »Logos« IV, 1913 (Jetzt wieder abgedruckt in : Heinrich
Rickert, »*Philosophische Aufsätze*«).

5

ハイデッガーからリッカートへ

フライブルク，1914年2月5日

枢密顧問官殿

　私の研究発表の構想[*1]をお送りするのが遅れてしまい，大変申し訳ありません。最初，私は発表の主要な内容と結び付けて，あなたとディルタイ[*2]，ジンメル，そしてヴント[*3]との関係に関する独立した議論を計画していました。しかし，ディルタイの様々な著作を引用するための準備がすぐにはできませんでしたし，それに，浮かび上がるあらゆる問いを根本的に検討するには時間が足りませんでした。

　したがって，私に重要と思われる点を明示することしかできませんでした。急遽，代理で研究報告を引き受けたので，なんとかこれでお赦しください。

　価値連関に関する以前の研究発表[*4]では，こうした点が少し簡潔にすぎて，根本的に扱われていないと思われます。つきましてはこの機会に，枢密顧問官殿，短い補遺[*5]のなかで二つの問いを提出させていただければと思います。

　　感謝を込めて
　　　　　あなたのマルティン・ハイデッガー

書　簡

注 記

*1 「私の研究発表の構想」：Martin Heidegger, *Zur versuchten Aufhebung der Grenzen der naturwissenschaftlichen Begriffsbildung*. 1913/14 年冬学期のリッカートのゼミナール「歴史哲学のための演習（文化科学の方法論）」で述べられた構想。本書 77–79 頁〔邦訳 139–42 頁〕も参照。ハイデッガーの草稿には日付がないが，筆跡やテーマからすると，このテクストが「私の研究発表の構想」のことを指していることはほぼ確実である。

*2 「ディルタイ」：ヴィルヘルム・ディルタイ（1933–1911）は，1882 年からベルリン大学で教授を務めた。彼の諸々の著作は，ハイデッガーの解釈学的転回およびフッサールの現象学の変容に重要な役割を演じた（主要著作：*Leben Schleiermachers* 1870; *Einleitung in die Geisteswissenschaften. Versuch einer Grundlegung für das Studium der Gesellschaft und der Geschichte* 1883; *Ideen über eine beschreibende und zergliedernde Psychologie* 1894; *Die Jugendgeschichte Hegels* 1905; *Das Erlebnis und die Dichtung* 1906）。

*3 「ヴント」：ヴィルヘルム・ヴント（1935–1920）はライプツィヒで哲学と心理学の教授を務めた。彼はそこで実験心理学のために最初の研究所を設立した。学位論文『心理主義における判断論』においてハイデッガーは，とりわけヴントの『論理学』第 1 巻（Stuttgart : Verlag F.Enke 1880）と『哲学の体系』第 1 巻（Leipzig : Verlag W. Engelmann 1889）に取り組んでいた。1915 年，ハイデッガーはヴントの『民族心理学』（Leipzig, 1911）についての論評を発表した（in : Philosophisches Jahrbuch Jg.28）。ハイデッガーとヴントについては，ハイデッガー全集第 1 巻『初期論文集』，66–90 頁と，第 16 巻，33–35 頁を参照（その他の重要な公刊物など：*Vorlesungen über die Menschen- und Tierseele*, 2Bde. 1863–64; *Grundzüge der physiologischen Psychologie* 1873; *Logik*, 3Bde. 1880–83; *Ethik*, 3Bde. 1886; *System der Philosophie*, 4Bde. 1889; *Grundriß der*

Psychologie 1896; *Völerpsychologie*, 10Bde. 1900–20; *Einleitung in die Philosophie* 1901; *Erlebtes und Erkanntes* 1920)。

*4 「価値連関に関する以前の研究発表」：この文脈では，ハイデッガー自身の研究発表が問題になっているのか，それとも他の学生のそれが問題になっているのか，明確ではない。ハイデッガーの研究発表のことであるならば，それは失われてしまったことになる。

*5 「短い補遺」：その補遺はリッカートの遺稿に遺されていないので，失われてしまったようである。

6

ハイデッガーからリッカートへ

メスキルヒ，1914 年 4 月 24 日

枢密顧問官殿

　私の母が重い病気のため[*1]，未だに出発もあなたを訪ねることもできませんでした。ゼミナールでの私の報告[*2] に関しては，あなたの『対象』[*3] との関係で完全にラスク[*4] を扱うことになるでしょうが，アリストテレスとスコラ学との歴史的な結び付きに関しては言及せずに終わるでしょう。

　ドゥンス・スコトゥス[*5] を，現代の論理学を手段にして理解し評価するというあなたの貴重な示唆のおかげで，私は，以前の，とりわけまったく不完全な，「言語論理学」に関する試み[*6] を再び取り上げるかなりの勇気をもらいました。そうこうする内に，私はその根本に，ある現実的な意義論があるということを理解するようになりました。この意義論は，とりわけ「超越論的経験主義」[*7] の意義論とカテゴリー論との対決を通じて，新たな光を手に入れるのです。このより大きな論考[*8] に制限することでは完全な理解に至らないということをすぐに理解したので，私はアリストテレスの論理学と形而上学への大規模な注釈[*9] に取り掛かりました。私は存在領域，意義領域，認識領域という層理を走破することに成功しました。私が思うに，こうした層理は超越論哲学を前にしては耐えることができないでしょうし，私の見る限り，ここに，「実在論」が本質的に

考え直さねばならないポイントがあるのです。しかし，ますます一般的になりつつある「主観主義」への病的な恐れを一度払拭しなければなりません。主観主義は，我々にあっては，極端にトマス主義的ではないすべての「立場」を表すレッテルとなっているに違いないのです。

目下，私にとって重要なことは，ドゥンス・スコトゥスの理解を深めることです。スコトゥスによれば，意義形式は質料による規定を受けます。彼にとって，あなたが「経験的（客観的）現実性」と呼んでいるものが，まさに最初にして最後のものなのです。しかし，スコトゥスがこうした観点から意義形式（modi significandi）を規定するならば，ここから前学問的現実性の形式論にとって何かが得られないだろうかという問いが生じます。枢密顧問官殿，あなたがこうした形式と学的なカテゴリーとの関係についてどのように考えているのか，私はいまだはっきりと理解しておりません。次の訪問（おそらく来週の水曜日）の際に，この点について教えてくださるなら，大変ありがたく存じます。あなたのご好意によってこの点が解消するなら，すぐに私の研究は完成することができるでしょう。

　心からの尊敬と感謝を込めて
　　　　　　あなたのマルティン・ハイデッガー

注　記

*1 「私の母が重い病気のため」：ハイデッガーの母はヨハンナ・ケンプフ（1858–1927）である。彼女は1887年4月9日にフリードリヒ・ハイデッガー（1851–1924）と結婚した。

*2 「ゼミナールでの私の報告」：1914年の夏学期，ハイデッガーはリッカートのゼミナール「認識論のための演習」に参加していた。この報告はリッカートの遺稿にも，ハイ

デッガーのそれにも残されていない。

*3 「『対象』」：ハインリヒ・リッカート『認識の対象——哲学的超越の問題への寄与』[1] チュービンゲン，モール社，1892年。ハイデッガーはここで 1904 年の改定第 2 版を用いている。

*4 「ラスク」：エミル・ラスク（1875–1915）はハイデッガーと並んでリッカートの最も重要な学生であった。1910 年から彼はハイデルベルクで教授を務めた。1915 年 5 月 26 日，彼は第一次世界大戦で戦死した。若きハイデッガーの哲学的発展にとって，ラスクの著作が有する意義は評価してもし過ぎることはない。これについてはとりわけ，ハイデッガー全集第 1 巻『初期論文集』，24ff., 32ff., 46, 56, 154, 177f., 191, 205, 267, 335f., 383f., 405ff. 頁を参照（主要著作[2]：*Fichtes Idealismus und die Geschichte* 1902; *Die Logik der Philosophie und die Kategorienlehre* 1911; *Die Lehre vom Urteil* 1912）。

*5 「ドゥンス・スコトゥス」：この書簡から分かるように，ハイデッガーの教授資格論文のテーマはリッカートから提案されたものであり，しばしば主張されている，ハインリヒ・フィンケからのものではなかった。

---

1) （訳注）『認識の対象』も，『自然科学的概念形成の限界』と同様に増補改訂を繰り返し，最後となる第 6 版が 1928 年に出版された。この著作は，リッカート著作集の第 2 巻（二分冊）に，第 6 版までの異同も含めた批判校訂版として収められている。Heinrich Rickert, *Sämtliche Werke*, Band2/1 u. Band2/2, hrsg. Rainer A. Bast, De Gruyter, 2018.

2) （訳注）ラスクの著作は，彼の死後，オイゲン・ヘリゲルによって編集され，全 3 巻がモール社から出版された。*Emil Lask Gesammelte Schriften*, hrsg. E. Herrigel, 1. Band u. 2. Band, J. C. B. Mohr, 1923, und 3. Band, 1924. その後，2002 年，2003 年には Dietrich Scheglmann Riprintverlag から，おおよそ元の全集の第 1 巻と第 2 巻に対応した著作集が出版されている。*Emil Lask Sämtliche Werke*, 1. Band, Dietrich Scheglmann Riprintverlag 2002, und 2. Band, 2003.

*6 「「言語論理学」に関する試み」」：この試みはハイデッガーの遺稿になく，おそらく教授資格論文の完成後に破棄されたものと思われる。

*7 「「超越論的経験主義」」：この表現で，ハイデッガーはヴィルヘルム・ヴィンデルバント（1848–1915）とリッカートの哲学を指示している。これについてはハイデッガー全集第56/57巻『哲学の使命』，40頁を参照。ヴィンデルバントはリッカートとともに新カント派のバーデン学派（西南学派）の重鎮であった。彼はフライブルク大学とハイデルベルク大学で教授として教えていた。卓越した哲学史家でもある（重要な著作など[3]）：*Geschichte der abendländischen Philosophie. Philosophie im Altertum* 1888; *Geschichte der neueren Philosophie*, 2Bde. 1878–80; *Präludien* (Reden und Aufsätze), 2Bde. 1884; *Lehrbuch der Geschichte der Philosophie* 1892; *Geschichte und Naturwissenschaft* 1894; *Platon* 1900; *Über Willensfreiheit* 1904)。

*8 「このより大きな論考」：「意義形態についての論考」は当時，ドゥンス・スコトゥスに帰せられていた。後に，スコトゥスの弟子であるエルフルトのトマスが著者であることが明らかとなった[4]（これについては，Thomas von

---

3)（訳注）ヴィンデルバントの著作は，大正年間から昭和初期に多く翻訳された。代表的なものとして，『プレルーディエン』上・下（河東湼上巻訳・篠田英雄下巻訳），岩波書店，上巻1926年，下巻1927年，また，『プレルーディエン』からの抜粋として，影響力の大きかった論考「歴史と自然科学」が，『歴史と自然科学・道徳の原理に就いて・聖』岩波文庫，1929年に収録されている。『哲学概論』第一部および第二部（速水敬二，高桑純夫，山本光雄訳），岩波文庫，1936年などがある。さらに，2015年，東北大学附属図書館本館の地下書庫から，ヴィンデルバントの直筆ノート20冊が発見され，現在，デジタルアーカイブでの公開が検討されているようである。

4)（訳注）この論考は，1922年，マルティン・グラープマン（1875–1949）によって，エルフルトのトマスの著作であることが明らかにされた。ハイデッガーは教授資格論文『ドゥンス・スコトゥスの

Erfurt, »*Abhandlung über die bedeutsamen Verhaltensweisen der Sprache (Tractatus de Modis significandi)*«, aus dem Lateinischen übersetzt und herausgegeben von Stephan Grotz. Amsterdam : B. R. Grüner, 1998 を参照）。

*9 「アリストテレスの論理学と形而上学への大規模な注釈」：アリストテレスの論理学と形而上学について，ドゥンス・スコトゥスは以下のような著作を残している。 »*Quaestiones subtilissimae in metaphysicam Aristotelis*«, »*Quaestiones in libro Praedicamentorum Aristotelis*«, »*Quaestiones in I et II Perihermeneias*«, »*Quaestiones octo in duos libros Perihermeneias operis secundi*« und »*Quaestiones super librum Elenchorum Aristotelis*«。ハイデッガーはおそらくここで，偽書 »*Expositiones in Metaphysicum Aristotelis*«（von Antonius Andres）と »*In librum I et II Priorum Analyticorum Aristotelis et I librum I et II Posteriorum Analyticorum Aristotelis*«（von Joannes de Cornubia）を参照している。

カテゴリー論と意義論』でグラープマンに言及しており，1917 年には，グラープマン宛のハイデッガーの書簡が，ヘルマン・ケストラーによって報告されている（拙論，「ドゥンス・スコトゥス」，『ハイデガー事典』所収，昭和堂，2021 年，147 頁以下を参照）。

7

ハイデッガーからリッカートへ

フライブルク，1914 年 7 月 3 日

枢密顧問官殿

　今日やっと〔論文の〕構想[*1]をお持ちすることを，お許しください。少し詳しく書きたかったので，時間がかかってしまいました。

　私は，あなたが私の批判を，理論的に学問的なものとして受け取ってくださると幸いにも確信しておりますし，その批判は，ラスクの諸々の業績[*2]の尊重と評価を少しも減じるものではありません。

　あなたがナトルプについてかつて言ったこと，つまり，ナトルプは最良の友人でありながら最も厳しい批判者であるということを，私は自分にも要求したいのです。

　私の立場の基本思想は，近々より大きな論文[*3]で扱いたい〈問い〉の問題において明らかになります。それはつまり，〈問い〉の「意味」の「存在の仕方」とはどのようなものであるか，を問うことなのです。それは妥当というものではありません。〔そうでないのなら〕妥当の外部に存するもの，したがって，偽なるものなのでしょうか。結局それでもありません。ひょっとすると，それは「その間に存する」何かなのでしょうか。

　前回の授業で，私は価値対立性が論点となることを示唆しただけです。

　私の発表内容を予め明らかにしたくはありませんでし

た。というのも，その一部はすでに述べましたが，それは避けられないからで，すべては超対立性[1]に関わってくるからなのです。

私はラスクの本を「台無しにしてしまった」とは思っておりませんし，彼の本には多くの考えるべきことが詰まっています。それに，私はあなたの最も厳しい批評に従います。真実が共通の目標だからです。

枢密顧問官殿，おそらく学期の終わりに，私のスコラ学に関する研究について少しご報告できるかもしれません。

フッサール教授が，『論理学研究』[*4]の第2部第2巻はイースターまで遅延するだろうと書いて遺しました。というのも，彼は第3巻をまとめることを決意したからです。

　　　　心からの尊敬と感謝を込めて
　　　　　　　　あなたのマルティン・ハイデッガー

注　記
[*1]　「構想」：リッカートは1914年夏学期のゼミナールで認識論を扱った。ハイデッガーの構想は失われたと考えるのが妥当である。このゼミナールの間に，ハイデッガーはユリウス・エビングハウス（1885–1981）と知り合いになり，1923年夏学期には彼とともに，カントの『単なる理性の限界内における宗教』の神学的基礎に関する共同コロキウムを行った。エビングハウスはもともとヘーゲル主義者であったが，後に厳格なカント主義に転向した。彼はフライブルク，ロストックで教授を務め，1940年から54年までマールブルクで教えていた（重要な公刊物など：*Kantkritik und Kantinterpretation* 1924; *Luther und Kant* 1927; *Kant und*

---

1)　（訳注）ラスクの『判断論』において用いられる術語。判断とは独立にそれ自体として存立している領域ないし対象は，「原像的領域（urbiliche Region）」や「原領域（Urregion）」などと言われ，それらは，真偽などの価値の対立を超えている「超対立性（Übergegensätzlichkeit）」によって特徴づけられている。

das 20.Jahrhundert 1954; *Zur Deutschlands Schicksalswende* 1946)。

*2 「ラスクの諸々の業績」:ハイデッガーはここでエミル・ラスクの以下の著作を参照している。
『フィヒテの観念論と歴史』,チュービンゲン,モール社,1902
『法哲学』[2],ハイデルベルク,ヴィンター社,1905
『ヘーゲル 啓蒙の世界観に対する彼の関係』,チュービンゲン,モール社,1905
『論理学において「実践理性の優位」はあるか』[3],ハイデルベルク,ヴィンター社,1908
『哲学の論理学とカテゴリー論』[4],チュービンゲン,モール社,1910
『判断論』[5],チュービンゲン,モール社,1911

*3 「より大きな論文」:ハイデッガーはこの論文を発表していない。その準備作業は,本書ではじめて公表される彼の発表「問いと判断」に取り込まれている。

*4 「『論理学研究』」:エトムント・フッサール『論理学研究』,ハレ,マックス・ニーマイアー社,1900–01。改訂第2版は1913年に出版された。1914年の春,フッサールは『論理学研究』の第六研究の改定に取り組んでいたが,これがハイデッガーの発言の背景になったと思われる。フッサールの手紙は失われてしまった。

---

2) (訳注)恒藤恭により邦訳がなされている。『法律哲学』大村書店,1921年。
3) (訳注)伊藤省により邦訳がなされている。『論理学に「実践理性の優位」なるものありや』岩波書店,1928年。
4) (訳注)久保虎賀寿(土井虎賀寿)により邦訳がなされている。『哲学の論理学並びに範疇論』岩波書店,1930年。また,大橋容一郎監修・ラスク研究会による新訳(第2部第1章まで)が,上智大学の『哲学科紀要』39, 40, 42, 43, 46号に掲載されている。
5) (訳注)久保虎賀寿(土井虎賀寿)により邦訳がなされている。『判断論』岩波書店,1929年。

8

ハイデッガーからリッカートへ

メスキルヒ，1914 年 11 月 3 日

枢密顧問官殿

　枢密顧問官殿，私の博士論文[*1]を同封でお送りすることをお許しください。戦争が始まる少し前に，私はその見本〔博士論文の見本〕を受け取りました。あらゆる学問が突如，二の次になってしまったのですから，今になって博士論文の郵送は相応しくなく，重要でないと思いました。ちょうど 8 月に，私は免除されていたにもかかわらず，もう一度兵役に志願しました[*2]。しかし，一週間前，心臓の弁膜症があまりに強く出てしまい，もはや行軍に耐えられなくなってしまったため，再び解雇されました。

　たしかに，それは本当につらいものではなかったのですが，回復しなければならないという気持ちがあるためひどくこたえました。ヘーゲル研究[*3]も突然終止符を打たねばなりませんでした。

　枢密顧問官殿，私が自分の研究発表の際にその場にいれないことを，どうかお許しください。たしかに，しばらくして再び研究ができればよいのですが，その際，私の研究発表がその時の文脈に相応しいのかどうか，私は決めたくはありません。最終的には，さらに多くの研究発表が中止になる可能性があり，そうなると，あなたは戦時中のゼミナール[*4]のために，新たな研究計画を立てなければならなくなるでしょう。

戦争の勃発とともに，あらゆる哲学は無駄なものだと思われたわけですが，その分だけ，将来，哲学が，なによりも文化哲学と価値の体系が極めて重要なものにならねばなりません。したがって，私が思うに，戦時中のゼミナールは，内容が平時と同じであるとしても，以前に劣らない重要性を持つでしょう。それに，できるだけ早く，再びフライブルクに戻ることが私の望みです。

枢密顧問官殿，もしゼミナールに関して簡単にでもお知らせをくださるなら，大変ありがたく存じます。

7月末に，ドゥンス・スコトゥスのカテゴリー論と意義論に関する論文[*5]の3章を仕上げることができました。これを近々お見せできるでしょう。

　心からの尊敬と感謝を込めて
　　　　あなたのマルティン・ハイデッガー

注　記

*1　「博士論文」：マルティン・ハイデッガー『心理主義における判断論——論理学への批判的=積極的寄与』（ライプツィヒ，ヨハン・アンブロジウス・バルト，1914）。現在は全集第1巻『初期論文集』所収。

*2　「ちょうど8月に，私は免除されていたにもかかわらず，もう一度兵役に志願しました」：ハイデッガーは8月2日に志願兵として軍務に就き（第113予備大隊），10月14日に心臓弁膜障害のため除隊させられた。

*3　「ヘーゲル研究」：これについては，ハイデッガー全集第16巻所収の1915年の履歴書を参照。

*4　「戦時中のゼミナール」：1914/15年冬学期のリッカートのゼミナールのタイトルは，「ヘーゲルを手引きとした哲学体系についての演習」であった。

*5 「ドゥンス・スコトゥスのカテゴリー論と意義論に関する論文」：マルティン・ハイデッガー『ドゥンス・スコトゥスのカテゴリー論と意義論』，チュービンゲン，モール社，1916年。現在，ハイデッガー全集第1巻『初期論文集』，189–411頁所収。

9

ハイデッガーからリッカートへ

ミュールハイム，1915 年 10 月 19 日

枢密顧問官殿

　月曜日から，私は「作業適用者」として野戦病院から退院しました[*1]。回復は非常に良好ですので，近々，郵便監査人としてフライブルクへ参ります。もしかしたら，講義に復帰することができるかもしれません。

　どんなにフライブルクに近づいても，大学関係の情報はほとんど分かりません。おそらく講義はなされるとは思うのですが。ここ数週間，私は野戦病院で少し研究の時間がありました。

　最新の文献情報について，私はまったく疎いです。

　私の関心は，あなたの『対象』[*2]がすでに出版されたのか，あるいは少なくとも出版間際なのかということです。

　枢密顧問官殿，ラスクの運命[*3]についてなにもお聞きになってはおりませんか。

　この数週間，アリストテレス研究をしている最中，私は何度も彼について考えなければなりませんでした。判断論の本[*4]において，私にはまったく新しい問題が浮かび上がったのです。それは汲めども尽きないものに思えます。しかし，取り返しのつかない彼の死について考えると，苦しみだけが増すばかりです。

　最近，フライブルクの狙撃兵がチロルに撤退したと聞きました。

あなたのご子息[*5]はお元気でしょうか。何よりも，ひどい困難が山岳兵を待ち受けていたのでは，と思います。歩兵隊での前線勤務はひどく堪えるものです。

私の弟[*6]はいまやすっかり回復しました。

私の申請書の認可がいつ届くのかは分かりません。しかし，フライブルクに到着したら，あなたをお訪ねしたく存じます。

　心からの尊敬と感謝を込めて
　　　　　あなたのマルティン・ハイデッガー

追伸　枢密顧問官殿，ご親切な奥様[*7]にどうぞよろしくお伝えください。

注　記

- [*1] 「月曜日から，私は「作業適用者」として野戦病院から退院しました」：ハイデッガーは1915年8月15日に再び徴兵され，第142補充大隊で訓練を受けた。ミュールハイム／バーデンの野戦病院で，9月13日から10月16日までの約4週間を過ごした後，ハイデッガーは神経衰弱と心臓疾患のため，1915年の11月1日付でフライブルクの郵便物監視所へと転属となった。1918年1月1日，彼はホイベルクの第113補充大隊に転属となり，新たに訓練を受け，その夏，ベルリンのシャルロッテンブルクにある気象観測所に移された。8月の終わりから1918年11月11日の停戦まで，彼はヴェルダンの西部前線気象観測所414に配属された。1918年11月16日に，彼は軍務を解かれた。

- [*2] 「『対象』」：ハインリヒ・リッカート『認識の対象』，加筆修正された第3版，チュービンゲン，モール社，1915年。

- [*3] 「ラスクの運命」：リッカートは，ガリチアから出された5月20日と22日付のラスクからの最後の便りを受け取った。

数日後，ラスクは突撃で命を落とした。ラスクの死についての確かな情報をリッカートが手にしたのは，1915 年の秋になってからであった。

*4 「判断論の本」：エミル・ラスク『判断論』

*5 「ご子息」：ハインリヒ・ジュニア・リッカート（1892–1917）。彼は 1912 年にフッサールの学生としてゲッティンゲンのゼミナールに参加していた。

*6 「私の弟」：フリッツ・ハイデッガー（1894–1980）。

*7 「奥様」：リッカートは彫刻家のゾフィー・カイベルと結婚し，4 人の息子をもうけた。

10

ハイデッガーからリッカートへ

ミュールハイム，1915 年 10 月 31 日

枢密顧問官殿

　先週の木曜日，私は自分の状況について尋ねるためフライブルクにおりました。土曜日にあなたをお訪ねするつもりだったのですが，朝 10 時に電報でこちらに呼び戻されてしまいました。フライブルクでの郵便監査官への異動命令が総司令部から届きました。この数日でフライブルクへ引越し，望むらくは私の講義が再開できればと思っているところです。

　その詳細について，近日中にあなたとお話できればと思っております。

　しかし，目下，「バーデン」学派には深刻な損失[*1]が生じています。

　私は，フライブルクでもより深刻な損失が出てしまうのではないか，と秘かに不安でいます。他方で，ハイデルベルクの偉大な伝統[*2]はこれまでと同じ高い水準で継続されなければならないでしょうし，それに個人的には，学術研究において哲学が重要な市民権をもつことを非常に重視しております。

　もっとも，〔既述の「不安」が〕すぐに思いつくような単なる私の推測であればいいのですが，容易に思いつく推測なので〔現実味があるのです〕。

　私は若い私講師として，まだ多くのことを学ばねばなら

ず，あなたから刺激と助言を得られるという考えで，私は安心し，自信に満ちておりました。

ラスクへのあなたの追悼文[*3]は，反響を呼びました。私は幸いにも，私の「ラスク熱〔Laskschwärmerei〕」（！）を理解できない，今になって突然に別の見方をするようになった門外漢から〔その追悼文のことを〕知りました。

ラスクの思い出に最上の仕方で報いることになるのは，きっと私の諸々の研究が彼の強い影響を明確に示す場合なのです。彼の哲学的構想全体がどれほど広がりのあるものであったかは，きわめて明白なことです。我々はもはや彼を取り戻すことはできませんが，彼の高潔な気質と活力によって〔研究を〕進めることはできるのです。

　心からの感謝を込めて
　　　　あなたのマルティン・ハイデッガー

注　記

*1　「「バーデン」学派には深刻な損失」：ハイデッガーはここで，おそらくはラスクの死とヴィンデルバントのことを指していると思われる[1]。

*2　「ハイデルベルクの偉大な伝統[2]」：ハイデルベルク大学

---

1) （訳注）ヴィンデルバントも，1915年10月にハイデルベルクで亡くなっている。その後任として，リッカートがハイデルベルク大学に移った。

2) （訳注）ハイデルベルク大学では，新カント派の西南学派（バーデン学派）に連なる三人，ヴィンデルバント，リッカート，ラスクが教えていたことになる。また，1900年代のおよそ0年代から20年代のハイデルベルクは学問，研究上の首都とも目され，ラスクやリッカートと親交の深かったマックス・ヴェーバーをはじめ，弟のアルフレート・ヴェーバー，ハンス・ドリーシュ，エルンスト・トレルチ，ゲオルク・イェネリック，ハンス・ケルゼン，フリードリヒ・グンドルフ，カール・マンハイム，エーリヒ・フロム，ジョルジュ・

におけるリッカートの前任者はエドゥアルト・ツェラー (1814–1908), クーノ・フィッシャー (1824–1907), ヴィルヘルム・ヴィンデルバント (1883–1969) であった。マックス・ヴェーバー (1864–1920) に加えて, カール・ヤスパース (1883–1969) とエミル・ラスクもハイデルベルク大学で教えていた。

*3 「ラスクへのあなたの追悼文[3]」: Heinrich Rickert, »Emil Lask. Ein Nachruf«. In : Frankfurter Zeitung, Jg.60, Nr.288 vom 17.10.1915.

ギュルビッチ, ジョルジュ・ルカーチ, ヘルムート・プレスナー, グスタフ・ラートブルフ, エルンスト・ブロッホなど, 後に名を馳せる学生を含め, 錚々たる人物たちが集結した「ノアの方舟」のようだったという。

3) (訳注) フランクフルト新聞に掲載されたこの追悼文は, ラスク全集第1巻に適宜変更を加えて収録されている (本書「訳者解説」の〈資料〉を参照)。

11

ハイデッガーからリッカートへ

フライブルク，1915 年 11 月 4 日
ホーエンツォレルン通り 1

枢密顧問官殿

　いま私は幸運にもここで監査官の任についています。私はすぐに昼の勤務があり，朝には諸々の指示を受けていますので，今まであなたをお訪ねすることができませんでした。しかし，明日の金曜には確実に時間ができると思います。

　私は 1 週間ごとに，午前勤務と午後勤務を交替しておりまして，午後 3 時から 4 時の間に 2 時間の講義（古代哲学とスコラ哲学の基礎）をしたいので，〔結局〕2 週間ごとに 4 時間講義することでしかそれを実行できません[1]。

　少数の聴講者にそれをうまく合わせられればと思っております

　明日，詳細をあなたと話し合えればと思っております。

　　心からの尊敬と感謝を込めて
　　　　　　あなたのマルティン・ハイデッガー

　1）（訳注）少しわかりづらい箇所なのだが，おそらく，午後 3 時から 4 時の 1 時間，週に 2 回の講義を行いたいが，それができないので，2 週間に一度，4 時間連続で講義を行う，ということなのではないかと思われる。

12

ハイデッガーからリッカートへ

フライブルク，1916年5月6日

枢密顧問官殿

　ハイデルベルクでのあなたのご活躍[*1]が幸先の良い始まりとなりますことを，心から祈念申し上げます。ご出発前に，もう一度お会いできなかったことを大変残念に思います。あなたがいなくなってから，我々の大学にはとにかく何かが，貴重な何かが欠けているような感じがいたします。世界観としての哲学，偉大な指針，それらには〔あなたとの間に〕いくつかの対立があっても，私にとって価値哲学との本当に内的な関係を築くことをはじめから可能にしてくれたのですから。最後の学期に，私はある偉大な運動の中にいるという生き生きとした感覚を持っていましたし，私が昨日，自分の講義であなたの名前を挙げると，それがほとんど本能的に私を刺激し，その言葉は突然，これまでとは異なる感情のニュアンスを有しているように感じました。

　私がこうしたことを書いているのは，そうせねばならないからです。私は個人的な付き合いにおいて，自分のシュヴァーベン的な不器用さと無愛想さを克服するのが非常に困難ですし，滅多にそうすることができません。こうしたことがあなたとの個人的な関係を妨げていたということに，いつも苦しんでいます。しかし，あなたが何度も若い講師の私にお声をかけてくださったので，望んだことを達

成する希望が私には残りました。このことが今ではかなりの程度まで幻のようになってしまいました。私は孤独に感じますし，まさに今，学期の開始に際してそれをとても強く感じるのです。

　それに，今日，フライブルクにおいて私だけが唯一そうしたこと思っているのではないと確信しています。

　枢密顧問官殿，最大の感謝を込めた若者の心情表現として，この告白を受け取っていただきたいのです。あたなはこの若者にとって哲学者の生きた理想となっているのです。

　私の任務は目下のところいくらか軽減されていますので，無理せずにドイツ観念論に関する1時間の講義をすることができます。ほかの仕事につきましては，十分な時間も体力も足りません。しかし，私は空いている時間にすでに長いこと〈否定の問題〉に苦戦しており，ますます確信するようになっているのは，それは形而上学なしにはうまくいかないということ——単なる純粋論理学をもってしてはうまくいかないと確信しています。

　ラスクは彼の草稿のなかで何かそれについて書いているのでしょうか。あなたがすでにラスクの遺稿に接近できたのかどうか，私には興味があります。

　あなたの奥様が回復され，ご子息が戦場でお元気にお過ごしであることを心より祈念しております。

　　尊敬を込めて
　　　　あなたのマルティン・ハイデッガー

注　記
*1　「ハイデルベルクでのあなたのご活躍」：リッカートは1915年12月30日に，正教授としてハイデルベルクに招聘された（ヴィンデルバントの後任）。

13

リッカートからハイデッガーへ

ハイデルベルク，1916 年 6 月 30 日
シェッフェル通り 4

同僚へ

　5 月 6 日のあなたの手紙の御礼が大変遅れてしまいましたが，それでも心から感謝しています。私はここではまだ，私の口述録音機を使える秘書を雇っていないのです。そういうわけで，私はすべてを自分で書かねばならず，やるべきことも多いので疲弊しています。私の私信はこういう状況で非常に制限されていますので，長い沈黙を許してくださるようお願い申し上げます。

　あなたがフライブルクで私の不在を少しでも寂しく思っていることを，私はもちろん耳にしましたし，私もまたフライブルク時代を思い出すことがよくあります。もちろん，こちらに移り住んでいることを後悔しているわけではありません。戦時中では，ハイデルベルクは大学という面ではたしかに好ましい状態にあります。ここにはおよそ 900 人の学生がおり，その 5 分の 1 が私の講義を受けています。それは私の予想を上回っています。確かに，聴講生の 3 分の 2 は女性であり，我々の学部のほとんどの講義でも同様の割合です。しかし，満員の講堂で話せることは非常に心地よく，女性たちも勉強熱心です。こうした状況下で，私は冬に 4 時間，『哲学の体系』を講義しようと[*1]思っています。それによって自分の価値理論を前進させることを期待しているのです。それは私にとっては研究にな

るでしょうが、研究は、それでもこの時代にひとが持ちうる最善のものです。

　根本的な相違点が多くあるにもかかわらず、あなたが私の思索と哲学的な取り組みに対して好意的で共感的であることを、私はいつも望んでいましたし、あなたがそのことを私にはっきりと伝えてくれたことをとてもありがたく思っています。私の意図が真に哲学的なものであると認められること以上に、私は何も望むことはありませんし、私もあなたとの思想の交流を続けられなかったことを非常に残念に思っています。私にとって、あらゆる観点で私と同意見の者と付き合うことには何の興味もありません。哲学においては、ある確実に共通な基盤がある場合にのみ、客観的な相手から最も学ぶことができるのです。物理的な距離があるけれども、私はあなたと連絡を取り続けるという望みを捨ててはいません。あなたがもう一度、私に手紙を書いてくれると嬉しいです。今後、私は、ここでの最初の数か月に比べれば忙しくはなくなるでしょう。

　今日のところは、あなたの教育活動に心からの祝福をお送りします。私の息子はいま仕官の道を歩んでいるので、今のところ心配はしておりません。残念ながら、妻の具合は良くありません。ラスクの遺稿については私はまだ何も見ていません。残念ながら最近の草稿はほとんど何もないようです。

　　　　　　　　　　　　　　あなたのリッカート

注　記
*1　「冬に4時間、『哲学の体系』を講義しようと」：リッカートは1921年、『哲学の体系　第1部——哲学の一般的基礎』を公刊した。第2部以降は出版されなかった。

14

ハイデッガーからリッカートへ

フライブルク，1916年7月9日

枢密顧問官殿

 あなたの好意あふれるお手紙に心から感謝申し上げます。とりわけうれしく思いますのは，あなたのハイデルベルクでの講義室が，すでにこちらの平時での人数に近づいてきていることです。ハイデルベルクは古くからの歴史的な土地ですし，あなたが伝統を継承し活気づけるために招聘されたことは，決して偶然ではありません。

 奥様の健康状態がいまだ快方に向かっていないとのこと，心から残念に思います。奥様に，お早い快復を心から願っております，とどうぞお伝えください。価値論の継続のために，私はあなたにかつてのような仕事ぶりと，決定的な構想の開始時に感じるのと同じような，溢れんばかりの勢いを願っております。

 枢密顧問官殿，あなたにご連絡をしてもよいと光栄にもお声がけいただき，改めて心から御礼申し上げます。しかし，私が事柄に関して言うべきことがある場合にのみ，そのようにいたしましょう。

 今日は，私は個人的な問題であなたのご好意にすがりたく，これを請わねばなりません。

 私はここのところ何度か，「すぐに」私の教授資格論文を印刷するよう，フィンケ枢密顧問官からせっつかれています[*1]。その研究が印刷されてあれば，私にとって意味の

14 ハイデッガーからリッカートへ

あることだから，というものです。

私はその論文で，中世スコラ哲学の扱いに際して，原理的に異なるアプローチをとっているので，通常の論文集に掲載されたくはないのです。その中で扱われた問題領域や解釈手法が，あなたの研究や，とりわけラスクの著作と密接に関連していますので，私はその論文をモール[*2]から出版できれば，価値があるのではと考えています。

もし可能であれば，私を出版社のジーベック博士[*3]に推薦していただき，出来うる範囲で印刷を早めることを図っていただければ，非常にありがたく存じます。

目下，フッサール教授のもとにあるその原稿[*4]は，目次と序言があればすぐに印刷にまわせる状態にあります。以前指摘された改善点は片付いております。

前もってその原稿を再度送付して，あなたに「印刷許可」をいただいた方がよろしいでしょうか，あるいはより簡単に印刷のボーゲンでよろしいでしょうか。

また，もしあなたが，私の著作をあなたに献じてもよいという名誉を与えてくださるならば[*5]，非常にうれしく思います。

あなたのご面倒にならないように，最も必要な情報を葉書で記していただければ幸いです。

　　尊敬と感嘆の念をもって
　　　　　あなたのマルティン・ハイデッガー

注　記
[*1]　「私はここのところ何度か，「すぐに」私の教授資格論文を印刷するよう，フィンケ枢密顧問官からせっつかれています」：ハインリヒ・フィンケ（1855–1938）は，カトリック史家としてフライブルク大学の歴史学教授であった。彼は中世史の著名な史料編纂者であり専門家であった。1924

年から彼はゲレス協会の会長を務めた。広範囲に影響力をもつ枢密顧問官として、フィンケはカトリック信者であった若きハイデッガーを庇護していた。フィンケは、アルチュール・シュナイダーの後任としてハイデッガーをキリスト教哲学の講座に就けることを企図しており、それゆえ、ただちに教授資格論文を出版するようせかしていた。この後任の話は実現しなかった（著作など：*Forschungen und Quellen zur Geschichte des Konstanzer Konzils* 1889; *Aus den Tagen Bonifaz VIII: Funde und Forschungen* 1902; *Über Friedrich und Dorethea Schlegel* 1918）。

*2 「モール」：モール社は、アウグスト・ヘルマンによるフランクフルトの書店に由来する。1804年、ヤーコプ・クリスチアン・モールはその書店を手に入れ、出版社へと拡張した。彼はハイデルベルク大学の創設者の招きに応じて、ハイデルベルクに移った。1878年、パウル・ジーベック（1920没）はその子孫の出版社を手に入れ、フライブルクへと移転し、1899年にはチュービンゲンに戻った。哲学に関わりのあるこの重要な出版社であるモール社から、ハイデッガーの教授資格論文は1916年に出版された。リッカートも、1888年以来、自身の著作をモール社から出版している。

*3 「ジーベック博士」：直前の注記を参照。

*4 「目下、フッサール教授のもとにあるその原稿」：これについては、ハイデッガーとフッサールとの書簡、1916年5月27日、7月21日、10月28日を参照。In : »*Husserl Briefwecksel*« Bd. IV, S. 127.

*5 「私の著作をあなたに献じてもよいという名誉を与えてくださるならば」：その献呈の辞とは「ハインリヒ・リッカートに、この上ない感謝と尊敬をこめて」。これについてはハイデッガー全集第1巻『初期論文集』、190頁を参照。

15

リッカートからハイデッガーへ

ハイデルベルク，1916 年 7 月 10 日

同僚へ

　私は喜んでジーベックに手紙を書くつもりですが，残念ながら結果はあまり期待できないのです。ジーベックは以前から，若くまだよく知られていない学者の著作の受け入れを容易に引き受けてはくれませんでした。彼からは何度か「振られ」ましたし，そういうわけで数年前からまったくやりとりをしていません。今，戦時中になって，彼がより寛容になることはないでしょう。しかし，それでも試みることはできます[*1]。

　あなたが私に本を献じたいとのこと，心からうれしく思いますし，ありがたく受け取ります。私が原稿をもう一度見直す必要はないでしょう。あなたが（修正された！）箇所を送ってくれれば，それで充分です。

　急いでいますので，もう書くことができません。私の妻とともに私から心からの挨拶を申し上げます。

　　　　　　　　　　　　　　　ハインリヒ・リッカート

注　記

[*1] 「しかし，それでも試みることはできます」：ハイデッガーの教授資格論文が 1916 年にモール社から出版されたので，リッカートはあまりに悲観的すぎた〔ということになる〕。

16

ハイデッガーからリッカートへ

フライブルク，1916 年 9 月 2 日

枢密顧問官殿

同じ郵便で，私の，校正の加わった教授資格論文のボーゲンをあなたにお送りいたします。とくに何も問題がなくお認めくださるというのであれば，封筒にすでに書かれている住所宛にボーゲンを転送していただけないでしょうか。

この論文は全ページで 15 ボーゲンになります。私がここで学生から聞いたところでは，あなたは冬学期にはこちらからの〔学生の〕かなりの移動を感じることになるでしょう。

聞くところによると，私はこの冬に講義委嘱[*1]されるようなのですが，それでも，さまざまな状況から私の生活が具合の良くないものになってしまったこと[*2]に，変わりはありません。

　　　尊敬の念を込めて
　　　　　　あなたのマルティン・ハイデッガー

注　記
*1　「講義委嘱」：1916/17 年の冬学期，ハイデッガーは「真理と現実性（認識論の根本問題）」というテーマの 2 時間の講義を行った。

*2 「さまざまな状況から私の生活が具合の良くないものになってしまったこと」：ヨゼフ・ガイザー（1869–1948）は，カトリックの哲学者で，アルチュール・シュナイダーの後任として招聘された。ハイデッガーのリッカート宛書簡から分かるように，ガイザーとハイデッガーの関係は初めから悪かった。シュナイダーの後任問題が原因となって，クレープスとの友情も損なわれただけでなく，フィンケとの関係にも深刻なひびが入ることになった。ハイデッガーは，初期の論文のなかでガイザーの哲学と対決していた。これについては，ハイデッガー全集第1巻『初期論文集』，7，12，15，22，34ff., 39ff., 270, 410頁を参照（重要な出版物：*Allgemeine Philosophie des Seins und der Natur* 1915; *Grundlegung der Logik und Erkenntnistheorie* 1919; *Einige Hauptprobleme der Metaphysik* 1923; *Das Prinzip vom zureichenden Grunde* 1929）。

17

リッカートからハイデッガーへ

ハイデルベルク，1916 年 10 月 6 日

同僚へ

あなたの校正原稿には問題がないように思えますので，それを印刷所へ送り返します。序論をもう一度注意深く読み直しただけですが，以前よりも改善されているように思われます。細部をもう一度精確に確認することは，必要ではないと思います。あなたの献辞には心から感謝いたします。望むらくは，あなたの研究が今すぐにでも完成し，あなたが期待している喜びをともにしたいものです。哲学講座の着任ついて[*1]私は新聞で読みました。ここだけの話ですが，その新聞記事に私はとても驚きました。フライブルクでのあなたの生活が「具合の良くないもの」になるという懸念が外れていればよいのですが。私が思うに，あなたはそこでとにかく喜ばしい業績を上げることができるでしょう。もしあなた自身のことやあなたの学術活動についてまた聞かせてくれるならば，それは私にとってはいつでも大いに興味深いものとなるでしょう。私は目下，主に講義のための仕事をし，ラスクの遺稿に関することにも従事しています[*2]。残念ながら，彼の書き溜めたものはほとんど読み取れず，これまでに書記の助力で判読されたほんの僅かなものも，出版に適したまとまりのあるものではありませんでした。それでも私は，我々が何かしら見つけることを諦めてはいません。

心からの挨拶を

　　　　　　　　　ハインリヒ・リッカート

注　記

*1　「哲学講座の着任について」：1916 年晩夏，ヨゼフ・ゲイザーはシュナイダーの後任としてフライブルク大学に招聘された。

*2　「ラスクの遺稿に関することにも従事しています」：ラスクの学生であるオイゲン・ヘリゲル[1]によって 3 巻本に編集されたラスクの『全集』（チュービンゲン，モール社，1923–24）の「序文」において，リッカートはラスクの遺稿について次のように書いている。「ラスクの学問的な遺産の運命は，彼の死後も私の心に残り続けていた。彼は数年間，なにも出版物を出していなかったが，それでも常に集中して研究していたからである。彼は多くのメモを残す習慣があったため，大量の原稿が存在するはずであった。それらの中から，学問のために救えるものはなんでも救い出すことが，私にとっては聖なる義務に思われたのである。しかし，問題が発生した。遺稿は，どうも完全には整理されておらず，大部分はほとんど判読できない状態だったのである。ヘレーネ・ラスク女史は，兄妹の愛情で，多くの文書を解読するという大きな功績を残してくれた。しかし，きわめて重要な部分に関する書き起こしに関して，私はかなり途方に暮れていた。かつては，ラスクと私は細部にわたって考えを交換していたのだが，最近ではそれが別のものに変わっていたからである。ラスクは，〔自分の考えが〕内面的に一定のまとまりにまで到達した後で，自分の計画についてより詳しく私と話をするようになっていたのである。実際，彼は自分が最も熱心に取り組

1）（訳注）東北帝国大学で教えていたことでも知られている。邦訳としては，『日本の弓術』（柴田治三郎訳），岩波文庫，1982 年；『新訳　弓と禅』（魚住孝至訳），角川ソフィア文庫，2015 年などがある。

んでいることについて，私との議論を積極的に避けていた。彼は自分自身と一人で向き合う必要があり，かつて自分が出発点とした思想から影響を受けることを避けたかったのだ。そのため，彼の最も実り多き時期の意図について，私はほとんど情報を得ておらず，そのため彼の完全に混沌とした未完成の記録の中で自分自身を見失ってしまったのだ。すぐに，私は未発表の遺稿の編者に適していないことを自覚せねばならなかったのである」〔本書「訳者解説」の〈資料〉を参照〕。全集の中で遺稿を収録した巻には，以下のタイトルの草稿が収録された。»Platon (Platon-Vorlesung vom Wintersemester 1911/12)«, »Zum System der Logik«[2], »Zum System der Philosophie« und »Zum System der Wissenschaften«.

---

2) （訳注）遺稿の Zum System der Logik に含まれる die Grundbegriffe der Geltungsphilospphie と題された部門は，波多野彭が評釈を加えた，『ラスク価値哲学』丁酉出版，1931年という邦訳が刊行されている。

18

ハイデッガーからリッカートへ

フライブルク，1916 年 11 月 28 日

枢密顧問官殿

同じ郵便で，私の本を一冊お送りいたします。

私はこの機会に，あなたのご好意と私の研究の奨励に今一度心から感謝を申し上げます。新たに書き加えられた結語[*1]はとくにあなたの興味を引くでしょう。

同時に，あなたの前回の手紙に感謝いたします。ラスクの遺稿から，さらになにか得られるものがあれば，それはすばらしいことでしょう。

この冬学期に，私は講義委嘱を受け，論理学を 2 時間教えています。受講生は 38 名で，これは今フライブルクでは異例の数字だそうです。

ところで『ロゴス』[*2]はもう発行されましたでしょうか。最近，私は新しい号を受け取っておりません。

ラスクについて書くという私の計画[*3]を私はいまだにあきらめていませんし，とくに文献の中で彼の研究は，明らかにほとんど注目されていません。もしその研究が完成したら，印刷前にあなたに原稿をお見せします。

　感謝の念を込めて
　　　あなたのマルティン・ハイデッガー

注 記

*1 「結語」：ハイデッガーは「カテゴリー問題」という結語を印刷の際に書き加えた。これについてはハイデッガー全集第 1 巻『初期論文集』[1]，399–411 頁を参照。

*2 「ロゴス」：雑誌『ロゴス』は，1911 年に最初の号がモール社から発行され，リッカートやフッサールなどの協力によって，ドイツで最も重要な哲学的な出版機関の一つになった。

*3 「ラスクについて書くという私の計画」：ハイデッガーはこの計画を実現しなかった。

---

1) （訳注）この「結語」には，「生ける精神」という表現が登場し，それが「歴史的精神」であると明言されている。ここに，歴史性と「生」への強い問題意識が読み取れる。とくに「生」の問題，より限定的にはディルタイの生の哲学は，リッカートの立場とは対立するものであるが，ハイデッガーは出版の際に付加した「結語」で，リッカート哲学への対決も視野に入れていたと言えるだろう。ところで，この結語で繰り返される「精神」という語には，「民族精神」——さらには，クレメンス・ブレンターノとフォン・アルニムが編集した民謡集『少年の魔法の角笛』に登場する「生ける民族精神」という表現（互盛央『フェルディナン・ド・ソシュール』作品社，2009 年，序章を参照）——を合言葉にしたロマン主義の「精神」が谺していると思うのは妄想だろうか。〈民族そして国家〉と〈言語〉との絡み合いが，民族精神において統合されているとすると，また，精神の本質が言語であるとすると，そこから，ドイツ語とギリシア語における〈思索の言語としての特権性〉や，学長就任演説での「精神」の問題などへ通じていると考えたくなるのだが，こうしたことは，ことハイデッガーに限ったことではなく，言語を操り共同体を形成する存在者一般に関して論じるべき基底的な問題なのではないだろうか。

19

リッカートからハイデッガーへ

ハイデルベルク，1916 年 12 月 2 日
シェッフェル通り 4 番地

同僚へ

 あなたの本を贈ってくださり大変ありがとうございます。形式が内容に合っていて，非常に良いものに思われます。まだ再読するには至っていませんが，感謝をすぐに伝えたいと思いますし，献辞の件ではとくにうれしく思います。序言であなたがラスクに言及していること[*1]も，私にとってはとても適切に思えます。あなたは彼に多くのことを負っているのですから。残念ながら，彼の遺稿に関しては，私の希望はかないませんでした。価値と学問の分類に関する研究の様々な草稿を判読するのに大変苦労しました。しかし，公表できそうなものはなにもありませんでした。どこにも具体的な成果はなく，すべてが考慮中の状態のままなので，ラスクが最終的にどのような方向をとったのかを決して知ることはできないのです。何か進展があるとしたら，それはこうなるでしょう。「主観主義的」傾向が再びより顕著になり，私が思うに，ラスクは私の見解に再び大きく近づいているということです。ラスクについて書くというあなたの計画を私は喜んで歓迎しますし，その原稿を印刷前に見せていただけると，非常に嬉しいです。

 あなたの聴講者の数について，お祝い申し上げます。私は過去のフライブルクの学期でそれほど多い聴講者はいませんでした。こちらではもちろんその数はかなり多くなっ

ていますが，健康な男子学生はほとんどいません。最初は講義に，20〜30人の若い男子が出ていましたが，彼らは全員招集されてしまいました。

　ご多幸を祈念して

　　　　　　　　　　　　　　ハインリヒ・リッカート

注記
*1 「献辞の件ではとくにうれしく思います。序言でラスクがあなたによって言及されていること」：これについてはハイデッガー全集第1巻『初期論文集』，191頁を参照[1]。

---

1) （訳注）『ドゥンス・スコトゥスのカテゴリー論と意義論』の「まえがき」には次のように記されている。「問題に対して自覚的であり，世界観的であるという価値哲学の性格は，哲学的問題の取り扱いを決定的に前進させ深化させる使命を持っている，と私は確信している。価値哲学の精神史的な方向づけは，強烈な人格の体験をもとにした問題の創造的形成にとって実り豊かな地盤を提供する。エミール・ラスクのような人の哲学的な創作活動はその一つの証明であり，遠く離れた戦没者墓地に眠る彼に対して，この場所で感謝と誠意をこめて告別の言葉を送りたい」（ハイデッガー全集第1巻『初期論文集』（岡村信孝，丸山徳次，ハルムート・ブフナー，エヴェリン・ラフナー訳），創文社，1996年，193頁）。

20

ハイデッガーからリッカートへ

フライブルク，1916 年 12 月 14 日

枢密顧問官殿

　あなたの親切なお手紙に心から感謝いたします。我々がラスクからはもうなにも受け取ることができないことが，非常に残念です。しかし，この事実が同時に示しているのは，ラスクがどれほど真剣に研究に取り組んでいたか，彼がつかの間の成功にはあまり興味を持っていなかった，ということです。同時に，このゆっくりとした〔ラスクにおける思索の〕前進はまた問題領域全体の難しさを明らかにしています。

　私自身，心理主義に対する戦いが，ある面では正当化されるにもかかわらず，それでもまったく対立する極端なものにはまり込んでしまった，つまり，あらゆる論理の息がつまるような領域へとはまり込んでしまった，と一層確信しております。私のスコトゥス論の終章は，あなたにとってこうした側面で興味深く思われるでしょう。

　ボイムカー[*1]は私の本を高く評価してくれましたし，その方法的で新たなアプローチと並んで，とりわけ，主題の選択をとても価値のあるものだと見てくれました。細かなところでは，彼は別の見解を持っています。彼は大部の書評を書くつもりです。

　数日前，私はある計画に思い至りました。それについて，枢密顧問官殿，あなたのご判断を伺いたいと思いま

す。

　私はこの冬，少人数の集まり[*2]でロッツェの『形而上学』[*3]を扱っています。以前から，ロッツェの 1841 年の『形而上学』が，どこか控えめで主に自然科学的に方向付けられた 1879 年の『形而上学』よりも，哲学的にはるかに強力であるという印象を私は持っていました。私が今考えているのは，この最初の『形而上学』を，1917 年 5 月 21 日のロッツェ生誕 100 年に，大きな序論をつけて新たに再版するというものです。その序論では，とりわけロッツェのヘーゲルに対する立場をより詳細に，問題史的に見据えたもので，必ずしも明示的というわけではないにしても，力強く生き生きとした価値の思索を〔ロッツェが展開していたことを〕強調したいのです。このようなやり方をとれば，現在からヴィンデルバントを経てロッツェやヘーゲルにいたる，文献的により分りやすい連続性が確立されるでしょう。

　平凡な学位論文が確かに多く書かれています。ヴェントシャーの〔ロッツェに関する〕伝記[*4]は相当さえないものだと思います。新たな版に付されたミッシュの価値ある序論[*5]は，もっと重要なものと言われるべきです。

　戦争が始まって三年目の今，こうした計画を出版社に申し出るのはもちろんリスクが伴います。私はジーベックの「価値哲学」出版社でその本を出版するのが一番いいと思っております。現在，私には自分の体系的な研究を行うための静けさと集中力が欠けております。

　ただ，私がこの件について一歩踏み出す前に，あなたの助言を聞きたく思います。手短でかまいませんのでご意見をお聞かせ願いたく存じます。

　　心からの尊敬と感謝を込めて
　　　　あなたのマルティン・ハイデッガー

追伸　あなたの奥様によろしくお伝えください。

注　記

*1 「ボイムカー」：クレメンス・ボイムカー（1853–1924）はカトリックの哲学者で，シュトラースブルク，フライブルク，ミュンヘンにおいて中世哲学の教授を務めた。彼もまた，長期にわたって『哲学年報〔Philosophischen Jahrbuch〕』の編者を務め，ハイデッガーはそこに，1912年には「現代哲学における実在性の問題」，1915年には「ヴィルヘルム・ヴントの民族心理学の問題」[1]という論評を発表していた（著作など：*Witelo-Ein Philosoph und Naturforscher des 13. Jahrhunderts* 1908; *Die europäische Philosophie des Mittelalters* 1909）。ボイムカーはスコトゥス本の論評を発表しなかった。

*2 「少人数の集まり」：ハイデッガーは大学の外でしばしば少人数のゼミナールを開催していた。

*3 「ロッツェの『形而上学』」：Rudolf Hermann Lotze, *Metaphysik*. Leipzig : Weidmann, 1841. ロッツェ（1817–1881）はゲッティンゲン大学の哲学教授であった。現実性，真理，価値という三つの領域を区別することで，彼はリッカートの価値哲学の先駆者となった。1879年にライプツィヒのヒルツェル社から公刊された著書『哲学の体系』第2巻において，彼は1841年の『形而上学』を完全に改訂した新版を公表した（重要な公刊物など[2]：*Leben und Lebenskraft* 1843; *Medizinische Psychologie oder*

---

1) （訳注）この論評は，ハイデッガー全集第16巻，33–35頁に収録されている。

2) （訳注）新カント派にとって重要な著作としては，『論理学』があり，同じタイトルで1843年と1874年に出版されている。ロッツェはここで心理主義批判を展開し，また「妥当」という新たな現実性の様式を提唱することによって，とりわけ西南学派形成のきっかけを提供することになる。

Physiologie der Seele 1852; *Mikrokosmos*, 3Bde. 1856–64; *Geschichte der Ästhetik* 1869; *Logik* 1874)。

*4 「ヴェントシャーの伝記」: Max Wentscher, *Hermann Lotze I: Lotzes Leben und Werke*. Heidelberg: C. Winter Verlag, 1913. ヴェントシャー (1862–1942) はケーニヒスベルクで哲学教授を務め, 1907年からはボンに移った。彼の主要テーマは倫理学である。

*5 「ミッシュの価値ある序論」: ゲオルク・ミッシュ (1878–1965) はヴィルヘルム・ディルタイの弟子であり, 1919年からゲッティンゲンの哲学教授であった。1912年にライプツィヒの著名な出版社であるフェリックス・マイナーから, 彼はロッツェの『論理学』の新版を大部の序論をつけて編集した。ミッシュはディルタイ『全集』の編者でもあった (重要な公刊物: *Die idee der Lebensphilosophie in der Theorie der Geisteswissenschaften* 1924; *Lebensphilosophie und Phänomenologie* 1930; *Vom Lebens- und Gedankenkreis Wilhelm Diltheys* 1947; *Geschichte der Autobiographie*, 3Bde. 1907–62)。

21

リッカートからハイデッガーへ

ハイデルベルク，1916 年 12 月 23 日
シェッフェル通り 4 番

同僚へ

　お手紙への返信が遅れてしまったことを許してください。私は自分の書庫で小形而上学〔ロッツェの1841年の『形而上学』〕を，その詳細を正確には思い出せなかったので探したのですが，まだみつかっておりません。以前は持っていたのですが，引越しの際に紛失してしまったか，別の何かでどこかになくしたようです。あなたへの返事をあまり長く待たせたくはないので書いておこうと思いますが，私は原理的には，ロッツェの小形而上学の新版には何の異議もありません。ただし，すでに述べたように，この著作とその後の展開との関係については，正確に具体的には思い出せないのです。この企画に対して出版者を見つけ出すことができるかどうか，目下のところ，私には決定できる問題ではありません。したがって，あなたにはこの不満足な回答で我慢していただくしかありません。

　ボイムカーがあなたの本について評価しているとのこと，とてもうれしく思います。彼が細かな点であなたと同意見にならないだろうということは予想していましたが，この卓越した中世哲学の識者が，あなたの研究について何を言うか興味津々です。彼の批判が出たらそれについて私に教えてください。私はほとんど雑誌を見ていませんし，その批判が出ても容易に見逃してしまいますので。まだた

くさんやることがあるので,今日はこの辺で終わりにします。敬具,私の妻からも,あなたのリッカート。

22

ハイデッガーからリッカートへ

フライブルク，1917 年 1 月 27 日

枢密顧問官殿

　半分兵士で貧しい私講師としての私の二重の生活は，私の怠慢のお詫びとしてあなたには受け入れられるでしょう。ロッツェに関する親切なお手紙に，心から感謝いたします。とくに私が，〔ロッツェの〕本を探すという無駄な努力をさせてしまっただけにそう思います。差し当たり，「時間」と私の身体的で精神的状態の問題から，その計画は見合わせております。自分の体系的創作がやはりまずもって必要なことで，人はこの必要性に，完全に内面から最も生き生きと確実な仕方で結び付けられているのです。
　ミュンスターベルクへの追悼文[*1]をお送りくださり，とても特別な喜びを感じております。あなたが，価値哲学についての私の評価と立場を，本物の，しっかり根付いたものとして捉え，単に「実務的な計算」理由にそうしているのではないと見てくださっているということ，このことを私は確信をもって確かめました。
　この時代に，価値哲学的世界観の実現，最も原理的な基盤の確立，そしてその体系的構築が，これほどの障害や損失を経験するというのは，奇妙な運命です。
　この追悼文もラスクのそれのようにすばらしいものでした。個人的生と哲学的に創造的な研究との生き生きとした統一がありました。価値哲学が必然的に要求する個人の精

神性と開放性を持たない者は、価値哲学を合理的には理解できても、内面的には決して魂の所有とすることはできないでしょう。1912年のあなたの「主観」ゼミナール[*2]で、私ははじめてミュンスターベルクを詳細に知りました。そのゼミナールが、そもそも私に大きな刺激を与えたわけですが。

体系的な連関において、あなたが示唆していること、つまり、価値論を単に論理的に、あるいは倫理的にだけ基礎づけることは克服されねばならないという注意は、非常に価値あるものでした。

私は最近、再びある理由から『対象』[*3]第1版を新たに研究しています。私には確信があるのですが、一般に、哲学的に――良い意味で言えば「形而上学的に」――第1版は第3版[*4]よりも進展が望めるということです。第3版はとくに論理的な観点から新たな展望を開くものの、第1版の方がより鋭く形式化され基礎付けられているからです。

純粋論理学は、ひとつの極地であり、生き生きとした精神を偽装し曲解するものです。「絶対的妥当」が推奨されることで、相対主義を恐れる者や、愛すべき「外の世界」の実在を心配する「批判的」実在論者を引き寄せて、穏やかに安心させるほどに、そうなのです。純粋論理学は、哲学に〈個人的な生がもつ根本的な流れ〉と〈文化および精神の豊かさ〉との連関を妨げているのです。あなたの「開かれた」体系の展開と完成に関する私の推測が、あなたの重要な出版によって裏付けられるのかどうか興味津々です。

現在の私の状況は、あなたがこちらを離れたときに私が予感したものになっています。以前からすでに、先入見にとらわれない、事柄に即した関心から生じたあなたの哲学への取り組みが嫌疑にかけられ、危険視されてきましたが、このことは私の著書の出版後に、とくに顕著になりま

22 ハイデッガーからリッカートへ

した。ガイザーはここにいる間に，本の献呈，前書き，出版社について非常に厳しく発言しました。私がなぜあなたに本を献呈するのか不思議に思われる，「なぜならあなた〔リッカート〕はもうここにはいないのだから」というわけです。ガイザーは，私の著書を受け取って，形式的な文言の手紙で返信してきました。動物心理学者と雑文家による，ミュンスターの彼の講座の素晴らしい〔＝悪評高い〕補充[*5]に関して，私はそもそも問題にしていません。当地での私の著書の評価について，私が本気で期待していたかのよう思われるかもしれませんが，そうではありません。

今は，殉教者を演じる気もその資質も私にはありません。だたし，私の哲学的信念や，哲学的な創造における学問的で偏見にとらわれない理念に関しては，どんな実践的な配慮からも曲げるつもりはありません。

私がよく覚えているのは，枢密顧問官殿，あなたがかつて私の教授資格論文を前にして簡潔に言ったことです。「あなたが自分の哲学をどのように捉えるのか，それはあなた次第なのです」。

もしかしたら，あなたはすべてを予見していたのかもしれません。私自身はその時，臆せず，葛藤のない創造の可能性を信じていました。いま，主に歴史的な研究の序文だけでは，私にはこのやり方で「勘定に入れられる」見通しがないのは明らかです。教科書を書いたり，学者たちの「学問」の対象として計上されて思考する馬たち〔＝自分では哲学しない者〕〕を作り出すような「哲学者」に連ねられたいという功名心を，私はまったく持っておりません。しかし，私は哲学のために何かしらのことをやり遂げることができると信じておりますので，落胆しているわけではありませんが，辛い時期が待ち受けていることは確かです。私の生活資金はごくわずかですが，他方で，学問的名声を手にするためにたくさん書くことは避けたいと思っ

ております。

　ともかく，ここを離れる計画を立てました[*6]。しかし，問題はどこへ行くか，です。ハイデルベルクへ向かう見込みはほとんどありません。たしかに，そこでは私の学期は数に入れられるでしょうし，私に好意的な政府が道を阻むことはないでしょう。おそらく，個人的な観点からも事実的な観点からも，この解決策が私にとっては最も価値があるのは言うまでもないでしょう。しかし，あなたの好意的なお気遣いを期待しようとは思っておりません。

　次に私はチュービンゲンのことを考えました。そこでは静かに隠遁し，その後，きちんとしたことを仕上げる時が来るだろうと思いました。しかし，もちろん私はチュービンゲンに伝手などありませんし，そもそも，そうした実践的な計画を実現するために必要な素質など，考え得る限り私には最も不向きなものです。

　枢密顧問官殿，あなたを腹蔵なく信頼しておりますので，私の精神的かつ実際の状況を思い切って語らせていただきました。

　あなたの大学での経験から助言をいただくことができればと，心から思っております。

　　心からの尊敬と感謝を込めて
　　　　　あなたのマルティン・ハイデッガー

奥様にもどうかよろしくお伝えください。

　注　記
*1　「ミュンスターベルクへの追悼文」: Heinrich Rickert, »Hugo Münsterberg †«. In : Frankfurter Zeitung, Jg.61, Nr.2 vom 3.1.1917, Erstes Morgenblatt und Nr.3 vom 4.1.1917, Erstes Morgenblatt. ミュンスターベルク（1863–1916）は

22 ハイデッガーからリッカートへ　　　69

ヴィルヘルム・ヴントとヴィルヘルム・ヴィンデルバントの弟子であり，著名な心理学者にして哲学者であった。彼はフライブルクで心理学実験室を創設し，その後，1897年アメリカに移住した。アメリカではハーバード大学で教え，応用心理学の嚆矢として知られている（著書など[1]：*Über Aufgaben und Methoden der Psychologie* 1891; *Beiträge zur experimentellen Psychologie* 1889–92; *Grundzüge der Psychologie* 1900; *Philosophie der Werte* 1908; *Psychologie und Wirtschaftsleben* 1912; *Grundzüge der Psychotechnik* 1914）。

*2 「「主観」ゼミナール」：1912/13 年冬学期，ハイデッガーはリッカートのゼミナール「主観論に関する演習」に参加していた。

*3 「『対象』」：ハインリヒ・リッカート『認識の対象』。

*4 「第 3 版」：『認識の対象』の改訂第 3 版は，1915 年にチュービンゲンのモール社から出版された。

*5 「ミュンスターの彼の講座の素晴らしい補充」：ミュンスター大学でのガイザーの後任であるマックス・エットリンガー（1877–1929）は，哲学者，動物心理学者，教育学者であった。ミュンスターで彼はドイツ教育学協会の会長となった。ハイデッガーはここで，『心理学年報』に掲載されたエットリンガーの »Der Streit um die rechnenden Pferde« および動物心理学に関する報告集成を参照している（著作など：*Untersuchungen über die Bedeutung der Deszendenztheorie für die Psychologie* 1903; *Philosophische Fragen der Gegenwart* 1911; *Der Streit um die rechnenden Pferde* 1913; *Leibniz als Geschichtsphilosoph* 1921; *Deutingers christlicher Idealismus des Erzieherberufs* 1921; *Philosophische Zusammenhänge in der Pädagogik der*

1）（訳注）邦訳としては，『心理学と人生』（佐久間鼎，佐久間ふき訳），内田老鶴圃，1920 年；『心理学と健全な社会生活』（村田勤訳），内田老鶴圃，1923 年などがある。

Gegenwart 1925; *Beiträge zur Lehre von der Tierseele und ihrer Entwicklung* 1925)。

*6 「ともかく,ここを離れる計画を立てました」:ハイデッガーがこの計画を実行することはなかった。しかしそれでも,この計画は,ハイデッガーが当時,フライブルクでの自分の状況にどれほど不満を抱いていたかを示している。フッサールとの共同研究が彼に新たなスタートを切ること〔フライブルクに留まること〕を可能にしたのである。

23

リッカートからハイデッガーへ

ハイデルベルク，1917 年 2 月 3 日
シェッフェル通り 4 番

同僚へ

　私はやるべきことが多く，あなたの手紙に詳細な返信をするための時間を見つけるまで待ちたいとは思いません。というのも，そうするとかなり長くなるかもしれないからです。そういうわけで，今は最も重要なことについて幾ばくかを述べるにとどめます。まずもって，あなたが私に寄せてくれる信頼に感謝します。心から残念に思うのは，あなたの著書の出版社，前書き，そして献呈が悪く受け取られたことです。そうしたことを予測して忠告しなかったことに，私は自責の念を感じています。しかし，もしかすると，あなたも事態をあまりに深刻に取りすぎているかもしれません。もちろん，私はそれを判断することはできません。ミュンスターの講座の補充については，私もあなたと同様に考えていますし，フライブルクの〔ガイザーの〕招聘にも実に驚きました。しかし他方で，あなたは私講師としての期間が非常に短かいので，常勤の教授職に期待するのはまだ早いかもしれません。このことは僥倖であったでしょうし，あなたは今すぐに「意気阻喪」するべきではありません。他大学で教授資格を取りなおすことによって[1]，あなたの状況は改善されるどころか，確実に悪化す

---

1)　（訳注）Umhabilitation：すでに教授資格を持つ人が，一定の

るでしょうし，それに，私の知る限り，そのような試みは非常に大きな困難に直面するでしょう。あなたは至るところで，「なぜですか」と尋ねられることになるでしょう。ハイデルベルクはあなたにとっては問題外です。あなたは哲学者として信念のあるカトリック教徒でもありますし，どんな場合でも，カトリック的な神学部がある大学に留まる必要があります。ここではとりわけ，講師の数はすでに非常に多く，そのため私は学部構成員に対して，新たな教授資格を納得させることは非常に難しいのです。それに，ここで私の学生の一人を言わば「就職させ」ようとすれば，私はきっと非難されることになるでしょう。私はすでに何度も，ここは哲学の私講師があまりに多すぎるという意見を聞いていましたし，それに異論を言うことはできません。残念なのは，私があなたを助ける状況にはまったくないということです。実際，できるなら喜んでそうするのですが，私はあなたに最善の助言を与えられると固く確信しています。つまり，静かにフライブルクに留まり，事態がどのように進展するか待ちなさい！ということです。カトリック哲学の教員として考慮に値する人の数は極端に少ないのですから，引き続き優れた研究をしていれば，あなたが長いこと無視される可能性はまったくない，と私は思うのです。もちろん，また何か問題がある場合は，いつでも私に連絡してください。私はできる範囲でいつでも喜んであなたを助けるつもりですし，あなたのさらなる学問的な進展を大変な興味をもって見守っています。

 私の妻からの心からの感謝も込めて
       あなたのリッカート

条件下で他大学で同等の資格を取得すること。

24

ハイデッガーからリッカートへ

フライブルク，1917 年 2 月 27 日

枢密顧問官殿

　あなたの親切なお手紙に心から感謝いたします。私はあなたの経験豊かな忠告に従うことができ，うれしく思います。公務による責任を負わない，自由な私講師としての時間はそれだけで貴重ですが，同時に，将来のための確実な学問的基礎を築くのに相応しいものです。それにおそらく，哲学におけるほどその展開と「変節」が激しいものはどこにもありません！

　私は，狭義のカトリック的立場に立ったことは決してありませんし，諸々の問題や，その把握および解決を伝統的な視点やその他の学問外の視点に即して捉えたことも，今後捉えることもありません。自由な個人的信条に従って，私は真理を探求し，教えるつもりです。それゆえ，私は，あなたに私の著書を献じ，現在の哲学に対する私の立場と評価を明確にしたことを，一度たりとも後悔したことはありません。

　トレルチ[*1]の言う意味で，キリスト教を本当に生き生きと自由に理解する場合，私にとっては両面から「出世」することはもちろん困難です。しかし，結局は学問的業績が決定的です。私はあなたの助言に全面的に同意せねばなりません。私はここでしっかりと閉じこもって自分の研究を続けます。クローナー[*2]がまた戻ってきたら，求めている

精神的つながりもできるでしょう。

大きな流れは残念ながら学部から消え去り，1911年から13年の年月をつらい思い出として振り返るだけです。

あなたの貴重な手紙に改めて感謝いたします。

　心からの尊敬をもって
　　　　　あなたのマルティン・ハイデッガー

奥様にもよろしくお伝えください。

注　記

*1　「トレルチ」：エルンスト・トレルチ（1865-1923）はプロテスタントの神学者にして哲学者で，1894年からハイデルベルクの教授，そして1915年からはベルリンで教えた。トレルチは歴史主義の批判者としてだけではなく，宗教社会学者としても非常に重要な人物である。ハイデッガーとトレルチは1918年に何通かの手紙と論文のやりとりをしていた。ハイデッガーは，講義「アウグスティヌスと新プラトン主義」（1921年夏学期）において，トレルチに批判的な立場をとった。これについてはハイデッガー全集第60巻『宗教的生の現象学』を参照（主要著作：*Die Soziallehren der christlichen Kirchen und Gruppen* 1912; *Der Historismus und seine Probleme* 1922-25）。

*2　「クローナー」：リヒァルト・クローナー（1884-1974）はリッカートの弟子として新カント派の西南学派に属しており，1919年からフライブルクで哲学の員外教授を務めた。彼は雑誌『ロゴス』の編者の一人でもあった。後に，ドレスデンそしてキールへと移った。1938年にイギリスに移住し，1941年にはアメリカへと移り，ニューヨークの「神学校」で教えた。ハイデッガーとクローナーの関係については，『ハイデッガー＝ヤスパース往復書簡』におけるハイデッガーの1922年11月19日付および1923年7月14日付ヤスパース宛書簡も参照（主著：*Von Kant bis Hegel*,

2Bde. 1921–24)。

25

ハイデッガーからリッカートへ

フライブルク，1917 年 11 月 19 日

枢密顧問官殿

　私は，ハイデルベルク新聞の検閲作業中に，あなたがウィーンへの招聘[*1]を受け取ったとの記事を読みました。あなたに心からの祝意を申し上げます。オーストリアにおいて，価値哲学とその最初の代表者というかたちで批判哲学が体系的に受け入れられるというのは，重要な兆候です。他方で，ドイツの精神的な生における今後の重要な時期に，あなたがご自分の精神的影響力やドイツ哲学の進歩の可能性を放棄するなどと考えているとは私には思い難いのです。「知的な」集団〔＝知識人たち〕からの政治的な発言から知られているものには，考えさせられます。私は，マイネッケ[*2]，トレルチからだけではなく，ハイデルベルク大学という精神的中心地からも，ドイツの存在問題に対する精神的で価値判断のある立場表明が出ることを期待していました。

　こちらでは，とりわけ，我々の学部の深刻な喪失以来懸念されている停滞化がさらに進行しているように思います。シュルツェ＝ゲフェルニッツ[*3]を除いて——彼にも十分批判が向けられていますが——すべてが無気力な状態です。ギムナジウムにいるようなものです。戦後の状況がどうなるのかは見当がつきません。たぶん私の著書のせいで激怒したと思われるガイザー教授とは関係を見出すこと

25 ハイデッガーからリッカートへ

もできませんし、そうしようとも思いません——最悪の反応です。好奇心からガイザーの最初のゼミナール（プラトン）に参加した知人から、いかに彼が畏敬の念なく無理解に「ラスク氏」を物笑いの種にしていたかを聞きました。ナトルプとの「悪評高き」対決も同じようなものになりました。他の場面では、彼は現代の哲学者たちの「熱心な殺人者」として、ある種の人々に非常に好かれ称賛されています。

クレープス教授は、たしかに個人的には魅力的な人ですが、私は、彼の就任講演[*4]では価値哲学の描き方と批判を恥ずかしく思いました。〔彼が講演で述べたほど価値哲学は〕それほど安易なものではありません。話はこれくらいにしておきましょう。私はまた気持ちを整理せねばなりませんでした。

枢密顧問官殿！　今でも簡単な言葉で触れることは憚られるのですが、数週間前にあなたの心中に最も深い傷を負わせたもの、つまり、あなたのご子息ハインリヒの戦死[*5]のことです。あなたの告知、私が見た中で最も飾り気のない告知は、私に強い印象を与えました。そのため、折り返しの義務的なお悔やみの表明を控えるべきだと感じました。あなたが私の心からのお悔やみを受け取ってくれることを確信して、そういたしました。この手紙はそのことを表明するためのものです。同時に、枢密顧問官殿、奥様には、私と私の妻[*6]がお悔やみを申し上げますということをお伝えください。

　心からの尊敬を込めて
　いつもあなたに感謝しております
　　　　　　　　　　　マルティン・ハイデッガー

注 記

*1 「ウィーンへの招聘」：リッカートは 1917 年，ウィーン大学への招聘を受けたが，11 月にこれを辞退した。

*2 「マイネッケ」：フリードリヒ・マイネッケ（1862–1954）は政治思想史の卓越した歴史家であった。彼は 1901–1904 年，シュトラースブルクで教授を務め，1904–1914 年にはフライブルク，1914 年からはベルリンで教えた（重要な著作：*Weltbürgertum und Nationalstaat* 1907; *Die Idee der Staatsräson in der neueren Geschichte* 1924; *Die Entstehung des Historismus* 1936; *Die deutsche Katastrophe* 1946）。

*3 「シュルツェ=ゲフェルニッツ」：ゲルハルト・フォン・シュルツェ=ゲフェルニッツ（1864–1943）は国民経済学者として 1893 年から 1923 年までフライブルク大学で教授を務めた。彼は進歩人民党において政治的に活動していただけではなく，社会政策学会でも活躍していた。（主著：*Britischer Imperialismus und englischer Freihandel zum Beginn des 20. Jahrhunderts* 1906; *England und Deutschland* 1908; *Neubau der Weltwirtschaft* 1918）．

*4 「就任講演」：Engelbert Krebs, »Die Wertprobleme und ihre Behandlung in der katholischen Dogmatik«. In : Oberrheinisches Pastoralblatt, 1917.

*5 「あなたのご子息ハインリヒの戦死」：リッカートの息子，ハインリヒ・ジュニアは前線で戦死した。

*6 「私の妻」：1917 年 3 月 20 日，ハイデッガーはエルフリーデ・ペトリ（1893–1992）と結婚した。

26

リッカートからハイデッガーへ

ハイデルベルク，1920 年 1 月 21 日

同僚へ

 わずかに耳にする不確かな情報以外，長らくあなたについてほとんどなにも聞いておりません。ですが，あなたがどのような状況か，何を研究しているのかとても知りたいものです。もちろん，あなたが私に手紙を書かなかったことをいぶかしくは思ってはいません。というのも，ここ数年，私の手紙のやり取りはかなりおろそかになっていましたし，あなたと同様に私から「粗悪に扱われた」人がたくさんおります。しかし，私の沈黙から無関心を推量してはなりません。ここ数年，私の健康状態はあまりよくありませんでしたし，他にも私を悩ませる個人的な問題があったのです。そのような気分では，進んで手紙は書けるものではありません。しかし結局，会う機会のない人たちとのすべての関係を失いたくないのならば，そうしてばかりはいられません。よって私は，手紙を書くことに関して少し改善しようと決心しました。そうして，再びあなたとの関係を取り戻そうとしているわけです。私があなたに関してわずかに聞いた中では，とくに現象学に対するあなたの立場に興味を持ちました。私の理解が正しければ，あなたは今，フッサールとかなり近い立場にいますね。そのことは私にとってまったく驚くべきことではありません。というのも，現象学への道は，あなたが以前から興味をもってい

た問題系から容易に見出せますし，それに，私はフッサールの思想の魅力を十分に理解しています。もちろん，私が彼の思想にまったくもって通じているかと言えばそうとも言えないので，私がこの教説の信奉者たちと口頭で議論する機会がないのは，非常に残念です。私が思うに，少なくともいくつかの点に関して，理解が可能でしょう。ディートリッヒ・マーンケ[*1]とキナスト[*2]は，たしかに，私とフッサールの考えの間に近い関係性を見出しています。もし哲学者たちがお互いにもっと交流し合い，各々が独自の道を歩まないのであれば〔＝協力して哲学することができれば〕，それはとても喜ばしいことでしょう。あなたは私の見解を知っており，以前はそれを一部共有していたわけですから，まさにあなたといつか現象学の原理的な問題について話し合いたいと思っています。私はきわめて当たり前の，基本的な異議をいくつか持っています。これらの異議はたしかに理解不足に基づいているので，おそらくはあなたが満足の行く回答を与えてくれるでしょう。あなたの道が，あなたをもう一度ハイデルベルクへと誘うことはないでしょうか。そのときはぜひ私のところに来て，また徹底的で哲学的な対話が行えることを願っています。いずれにせよ，あなたの今の研究内容や壮健であるかどうか，一度手紙で知らせてください。以前は健康上の問題にかなり苦労されていたのですから。外的には穏やかに時を過ごすことで良くなりましたか。そうであれば心からうれしく思います。私の頑なな沈黙を責めないでください。私はあなたの学問的発展と，そのほかあなたの関心事すべてに，率直に関心があるのです。

　　心からの挨拶を，私の妻からも。
　　　　　　　あなたのハインリヒ・リッカート

注 記

*1 「ディートリヒ・マーンケ」：ディートリヒ・マーンケ (1884–1938) はゲッティンゲン出身のフッサールおよびヒルベルトの弟子であった。1922年，彼は，「普遍数学と個体の形而上学とのライプニッツによる総合」によってフッサールのもとで学位を取得し，これは1925年，フッサールの『年報』第7巻において公表された。後に，マールブルクで哲学教授となり，とくにライプニッツ研究者として知られている（主著：*Unendliche Sphäre und Allmittelpunkt-Beiträge zur Genealogie der mathematischen Mystik* 1937）。

*2 「キナスト」：ラインハルト・キナスト (1882–†?) は哲学者にして教育学者。1919年からブレスラウ大学で私講師を務め，そこで1927年に員外教授となった。1929年，キナストは職場が変わりブレスラウの教育学アカデミーの教授となった。リッカートのコメントはおそらく，1917年にブレスラウで出版されたキナストの著書『現象学の問題――学問論的探求』に関係している（その他の著作：*Ein Weg zur Metaphysik : ein Versuch über ihre Möglichkeit* 1927; *Logik und Erkenntnistheorie der Gegenwart* 1930; *Problemgeschichte der Pädagogik* 1932; *Grundriß der Logik und Erkenntnistheorie : ein ontologischer Versuch* 1932）。

27

ハイデッガーからリッカートへ

フライブルク，1920 年 1 月 27 日
レルヒェン通り 8 番

枢密顧問官殿

　あなたのとても親切なお手紙に心から感謝申し上げます。メルツの妻の実家を訪ねる折に，あなたを訪問する予定だったのですが，あなたからのお手紙がその前に届きました。

　私は今日，学期を終えましたので，すぐに返信したく思います。

　あなたの「頑なな沈黙」は，「不当に扱われている」という感情を私に引き起こすものでは決してありません。むしろ逆に，あなたが私の学問的発展を理解し，自立性の欠如した生徒然とした弟子とは異なる評価をしてくださっている，という内なる確信と信頼を持っていました。

　あなたを束の間訪問した 1917 年の春以来，私は軍務によって研究が妨げられていました——時間があれば，私は現象学の研究に費やしました——。フッサールがその研究を助けてくれました——生きた交流の中でしか理解できないことも経験しました。1918 年 1 月以来，私は再び野外任務に就き，停戦まで戦場に行っておりました。今回の任務はとてもよいものとなりました——私はより元気になり，より能力が上がりました。神経衰弱と不眠症はそれ以来吹き飛んでいます。

　戦場から帰還すると同時に，直ちに中間学期の準備を

始めました（私は哲学の概念[*1]について講義をしました）。一息もつけずに短い休暇を終えると、夏学期の講義「超越論的価値哲学と現象学」[*2]の研究に取り掛かりました。私自身，その講義から十分な収穫がありました。私は自分自身と向き合って明晰になろうと思い，二つのことを見ることを学びました。ひとつは，現象学は哲学的にならねばならないし，現象学を狭隘な問題地平をもつ特殊性に終わらせてはならない，ということです。そしてもうひとつは，現象学的な目で読解することによって，『対象』[*3]第1版には決定的なことがすでに存在するということが分かりました。キナストは，現象学について非常に貧弱な理解しか持っていないという点は別にしても，あまりにも外から物事を見ています。「当為」を取り巻く現象学的領野全体は，意味生成的動機連関の領域なのであって，そこですべての「存在」が表現されるのです。さらに，純粋体験を現象学的に直観する際の構造への問いを追求することで，私は，「意味解釈」という概念が中心に置かれるということが分かりました。つまり，現象学的直観は体験を事物として凝視するのではなく，遂行意味（行為の意味）と内容意味との間の体験的連関は，真正で適切な直観形式を必要とするのです。私はこの直観形式を，理解的，解釈学的直覚〔Intuition〕として導入しました。今になって私は，あなたが主観的な道に割り当てた優位を新たな側面から理解しました，つまり，この事柄に関してラスクからの離脱を結果として伴うことを理解しました。結局，私は本質という概念に固執したままでしたし，それがとくに強いアリストテレス的な影響を受けた場合には，すべてが解決されるわけではない，ということに気づいたのです。こうして私は，現象学的概念形成一般の問いへと，つまり，直観と表現との関係という問題[*4]に導かれたのです。こうした問題については，この夏2時間の講義をするつもりです。この

冬私は2時間かけて「現象学の根本諸問題」*5を講義しました。そこでは夏に得られた洞察を体系的に練り上げ、同時に、オルガノン、歴史といった問題において現象学をより哲学的に把握することを試みました。フッサールは本質的に数学的自然科学に基づいており、そこから諸問題を提示するだけではなく、おそらく、この上なく正当に規定するのに対し、私は生き生きとした歴史的生そのものに、しかも、事実的な周囲世界経験に足場を築こうとしました。その現象学的解明によって、あなたがとくに認識理論的な立場で〈所与性〉というカテゴリーにおいて明らかにしたものが、拡張され確認されたのです。

ゼミナールではナトルプの『一般心理学』を扱いました*6。私はこれを高く評価していますが、距離をとって扱いました。対して、フッサールは、最近の局面においてナトルプの立場に非常に近づいおり、ナトルプは自身の立場に関して、バウフの『カント』についての詳細な論評の中で暫定的に報告しています。フッサールは目下、もっぱら普遍的学問論、価値論、実践について、厳密に形式存在論的な考察を行っています。私はこうした事柄にはさしあたり、おそらくは永遠についていけないでしょう。

同時にフッサールは、自身のロゴス論文*7の中で、あらゆる「世界観の哲学」を断固として拒絶することを断念し、ドイツ観念論との接触*8を模索しています。

教育活動において私がとくに課題としていることは、職人的で、狭量なアプローチに容易に陥ってしまい、その際、他のあらゆる〈哲学すること〉や歴史に対して高慢になっている現象学者たちに対して、今日でも真剣に取り組まねばならない哲学的な仕事があり、しかも哲学を、とくに現象学を浅薄な仕方で扱ってはいけないと指摘することです。あなたの著作は名前だけ知られていましたが、ラスクについてはまったく知られていませんでした。ですが、

〔ラスクについて話すと〕ここでも大いに驚かれましたが，熱心に研究が行われました。学派の教義とセクトの教義はしばしば非常に近いものですが，現象学的に哲学的な基本姿勢の意義と重要性を理解すれば，それらの教義はまさに対立せざるを得ません。私が確信しているのは，あなたが『認識の対象』のなかで立てた形式―内容―問題，さらに「現象学的な研究方法による概念表現」の概念形成に関する問題が，大いに促進されうる，ということです。もちろん，すべてはまだ端緒についたばかりではありますが。

現象学的問題系と方法論に取り組むに際して――それは〈遂行意味の連関〉と〈内容意味の連関〉として把握され，これらの連関は究極的な価値理念の表現連関として理解されるのですが――，私は心理学の問題に取り組みました。心理学に対する心理主義批判は，結局，あまりに早急に終わってしまったのです。

私はヤスパースの著書[*9]（『ゲッティンゲン学識者学報』）[*10]を相手にして何点か言おうと思っております。この本は私見によれば，非常に多くのことを提供し，あらゆる観点から学び，時代の流れに応じているので，最も厳しくこれと戦わねばなりません。その一部はまだ十分に研究されておらず，私が確信するところでは，あまりに早急に議論が投げ出されていることを別としても，根本的にまったく失敗しています。ヤスパースは，自らの見解や解釈の根本的な基礎づけが要求してくる課題の重要性に気づいていません。他方で，彼には誰も真似できないものがあります。私はこう言いたいのです，つまり，様々な面で，ディルタイの頭に常に浮かんでいたことが実現されている，ということです。

尊敬するあなたとの哲学的な対話を楽しみにしております。ここではそうした対話が少し足りないと感じていますが，クローナーとは少しだけ知り合いになれました。しか

し，彼は自分に固有の立場にあまりに固執しているように思います。彼は現象学に対して，ある種の躊躇と不安に近いものを感じているようです。そこには教皇などいてはなりませんし，もし多くの人がそう思っているにしても，私もこの点については，いかなる至上の権力者も欲してはいません。

私のすべての仕事は，とくに精選された特別講義に集中しており，直観と表現との関係に関する大規模な研究[*11]に焦点を当てています。その際，念頭に浮かんでいるのは，現象学的概念形成の理論なのです。

私は目下のところ，文字にする野心を持ってはいませんし，現在の状況から，外に向けて何かを発表する必要があろうと，軽率な出版に誘惑されることもありません。

確かに，私講師としての困窮の時代は，真剣な意志をもって自分を貫こうとする者にとっては，誰にも害を及ぼすことはありません。しかし，今日では，さらなる制約をもってしても，もはや切り抜けられる状況ではありません。

枢密顧問官殿，あなたが戦争中に経験した過酷な損失と運命の打撃が，あなたの英気と創作力を持続的に害することがないことを願っております。そして，あなたが心おきなく哲学上の課題に取り組めますよう，お祈り申し上げます。

　　敬愛と感謝の念を込めて
　　　　　あなたのマルティン・ハイデッガー

奥様にもどうかよろしくお伝えください。

注　記
[*1]　「哲学の概念」：1919 年戦時緊急学期講義で，ハイデッガー

は2時間, 哲学の理念と世界観問題について講義を行った。現在は全集第56/57巻『哲学の使命について』に所収されている。

*2 「「超越論的価値哲学と現象学」」：1919年夏学期, ハイデッガーは1時間, 直観と表現の現象学について講義をした。現在は全集第56/57巻『哲学の使命について』に所収されている。

*3 「『対象』」：リッカート『認識の対象』。

*4 「直観と表現との関係という問題」：1920年夏学期, ハイデッガーは2時間, 直観と表現の現象学について講義を行った。現在は全集第59巻『直観と表現の現象学』に所収。

*5 「現象学の根本諸問題」：1919/20年冬学期, ハイデッガーは2時間, 現象学の根本諸問題について講義を行った。現在は全集第58巻『現象学の根本問題』に所収。

*6 「ゼミナールではナトルプの『一般心理学』を扱いました」：ハイデッガーは1919/20年冬学期のゼミナールでナトルプの重要な著作『批判的方法による一般心理学』(チュービンゲン, モール社, 1912) を扱った。

*7 「ロゴス論文」：フッサール『厳密な学としての哲学』。これについては書簡3を参照。

*8 「ドイツ観念論との接触」：フッサールは1918年夏学期および1918/19年冬学期のゼミナールで「フィヒテによる人間の規定」と「カントの超越論的哲学」を扱っていた。

*9 「ヤスパースの著書」：カール・ヤスパース『世界観の心理学』[1]（ベルリン, シュプリンガー社, 1919）。実存哲学

---

1) （訳注）『世界観の心理学』は, 上村忠雄・前田利男訳で, 理想社のヤスパース選集第25, 26巻, また, 重田英世訳で創文社から

者にして精神科医のヤスパースは，1919年からハイデッガーと親交を結んでいた。彼は1921年から1937年までハイデルベルク大学の教授として教えていた。ハイデッガーとヤスパースの関係については，『ハイデッガー＝ヤスパース往復書簡』を参照。とりわけ，1921年6月25日，28日および，8月1日，5日の書簡を参照（重要な公刊物など：*Allgemeine Psychopathologie* 1913; *Psychologie der Weltanschauungen* 1919; *Die geistige Situation der Zeit* 1931; *Philosophie*, 3Bde. 1932; *Vernuft und Existenz* 1935; *Nietzsche* 1936; *Der philosophische Glaube* 1948; *Die Atombombe und die Zukunft des Menschen* 1958）。

*10 「（『ゲッティンゲン学識者学報』）」：ハイデッガーはヤスパース『世界観の心理学』に対する自らの注釈を論評として，雑誌『ゲッティンゲン学識者学報』に載せるために書いていた。この古く由緒ある雑誌は，1802年からゲッティンゲン学術アカデミーの委託を受けて刊行され，さらに1896年から1935年まではベルリンのヴァイトマン社から発行された。当時，この論評は公開されず，1973年になって初めて公になった。1921年6月25日，ハイデッガーはヤスパースにその写しを送った。現在では，全集第9巻『道標』に所収。

*11 「直観と表現との関係に関する大規模な研究」：ハイデッガーはこのテーマに関する研究を一度も公表しなかったが，1920年夏学期に2時間，「直観と表現の現象学」についての講義を行った。現在は，全集第59巻『直観と表現の現象学』に所収。

1997年に邦訳されている。

28

ハイデッガーからリッカートへ

1920 年 8 月 27 日, メスキルヒ (バーデン)

敬愛する教授殿

　ヤスパースについてのあなたのご論文をお送りくださり[*1], 心より御礼申し上げます。

　学期中, 私は「多忙」でしたので, 手紙を読むことも処理することもできませんでした。そして, 結局はいつものように, ひどく疲れきっておりました。今は, 故郷の地で早くも回復しております。冬に新しい講義〈宗教の現象学〉を行う[*2]となると, 哲学するための余計な時間がほとんどありません。

　4月にあなたとお話をした後, 私は超越論的なものに関わる事柄を私の論評の草稿から削除しました。というのも, 私はその関連性をそれほど明晰に取り出せないと思い至ったからです。あなたのご論文がそのことを確証してくれましたし, それを指示することもできます。そもそも, ヤスパースの著作を再度精読した際に, 「体系的な根本思想」が外的で非体系的な仕方で事前に組み込まれている, ということが分かりました。私は自分の論評を心理学の問題に絞り, ヤスパース自身が提供している具体的な仕事から, どのような可能性が生じるのかを示すつもりです。『ゲッティンゲン学識者学報』編集部の要望に応じて, 残念ながら私の原稿を再度短くせねばなりませんでした。そのため, 『ゲッティンゲン学識者学報』を選んだことで,

私が意図していたもの，つまり，より広範な解釈の可能性を実現できませんでした。おそらく，どの哲学的評価もヤスパースの本に対して不公正になるでしょう。というのも，この本は哲学の次元に入ってきてはいないからです。実際にはそうした次元に関連してはいますが，しかし，明晰で判明な問題意識を持っていないのです。したがって「態度」，「世界像」，「精神力」のような概念がすでにして，哲学的に曖昧に規定されています。理論的な振る舞いは，宗教的ないし倫理的な振る舞いと同様に，「態度」として特徴づけられるべきなのか，または，宗教的態度について語ることがすでに不当な理論化を意味するのかどうか，こうしたことがすでにして難しい問題です。ここには，志向性という概念が幽霊のようにうろついており，それが，現象学においては現象に関して多くの誤解を招き，あらゆる振る舞いにおいてアプリオリに志向性が発見されうるのでなければならない，という偏見を助長しているのです。このことが行き着く問いは，そもそも，行為，内容，対象の区別，現実的出来事（存在）と妥当する意味との区別が，哲学全体を支配しうるような区別であるのかどうか，それとも，そうした区別は理論的な振る舞いに即して読み取られるだけではなく，他の現象に関する事前の，たいていは当てはめるのが難しい理論化に基づいて，この現象へと適用されるのかどうか，というものです。

　分析的説明とは，細分化するのではなく，説明することにおいて現象全体を保持するのですが，その実行に際して，たとえば，宗教における分析的説明は，まったく別の観点へと通じているのであって，アプリオリの領域を結局は一様に扱ってしまうことに対して，注意を促すものなのです。私はますます明確に，ラスクがここで誤った道に進んだのだと見ています。すなわち，彼の非合理性という概念は，認識問題に即して得られもので，その後，あらゆる

作用領域における意識構造を一般的に特徴づけるものとされるのですが、これは誤りであることが分かってきました。現象学者たちは、まさにアプリオリとその把握可能性を際立たせ、明証的なものに物惜しみしないのです。しかし、おそらくそれによって、アプリオリに関する問題を原点から適切に考え直すことができるようになるのです。「直観の現象学」に関する私の最近の講義[*3]によって、私は、「直観」だけでは十分でない、という「成果」を得ました。同様に、曖昧で血の通っていないある種の「思索」に訴えることも役に立たないことが分かりました。そもそも、この〔直観と思索の〕区別が、古くからのものであり、我々の今の現象経験にはもはやまったく適合していない、ということが分かりました。しかし、こうしたことに関しては、具体的で明確な探求と関係させて語られるしかありません。それをするために、私は残念ながら同年輩の研究者のような通常の出版ペースを諦めなければなりません。〈生の哲学〉に関するあなたのご著書[*4]をフッサールが読み終えたら、彼から受け取ります。書評の元の原稿をタイプで打ってもらう機会がありましたら、それをあなたにお送りいたします。

　　感謝を込めて
　　　　　　あなたのマルティン・ハイデッガー

奥様にもよろしくお伝えください。

　追伸　私どもの二人目の息子が誕生しました[*5]ことをお伝えいたします。

　注　記
*1　「ヤスパースについてのあなたのご論文をお送りくださ

り 」：Heinrich Rickert, »Psychologie der Weltanschauungen und Philosophie der Werte«. In : »Logos« IX, 1920/21.

*2 「冬に新しい講義〈宗教の現象学〉を行う」：1920/21 年冬学期，ハイデッガーは 2 時間「宗教の現象学への入門」を講義した．現在は全集第 60 巻『宗教的生の現象学』に所収．

*3 「「直観の現象学」に関する私の最近の講義」：全集第 59 巻『直観と表現の現象学』．

*4 「〈生の哲学〉に関するあなたのご著書を，フッサールが読み終えたら，彼から受け取ります」：Heinrich Rickert, *Die Philosophie des Lebens. Darstellung und Kritik der philosophischen Modeströmungen unserer Zeit*«. Tübingen: J. C. B. Mohr (Paul Siebeck), 1920. この 8 月にフッサールはリッカートの本を読み研究した．これについては，»Husserl-Chronik«, S. 241 を参照．

*5 「二人目の息子の誕生」：ヘルマン・ハイデッガーは 1920 年 8 月 20 日生まれ．彼はハイデッガーの遺稿管理人である．

29

ハイデッガーからリッカートへ

フライブルク，1921 年 3 月 15 日
レルヒェン通り 8 番

敬愛する枢密顧問官殿

　学期の終わりに，あなたの名義で，ご著書『文化科学と自然科学』[*1] の新版がモールジーベックから送られてきました。いつもの学期の疲労によって短い休養を取らざるを得ませんでした。私は元通り回復し，まずはお送りいただいたことに心より御礼申し上げます。私は大部な本〔新版〕はもちろん，以前の本〔旧版〕もすみずみまで知っている[*2]と言っていいでしょう。私は最新の批判との対決をとても待ちわびていました。残念ながら，こうした批判は僅かな範囲にとどまったものでした。

　私はトレルチとの対決が早急に必要であると考えております。形而上学に関する彼のかなり古臭い考えについて，あなたはかなり慎重に扱ったとすら思っております。彼がまさにこの点ではかなり疑わしいということが，彼の本来の宗教哲学にかなり破壊的な影響を与えています。私はこの冬学期講義「宗教の現象学への入門」[*3] において詳細に彼と対決しました。

　それに彼のヘーゲル主義は，そして，そもそもヘーゲル主義が一般にそうであるように，あまり根源的に動機付けされているようには思えません。ひとがヘーゲル主義者であるのは，多くのことがよりうまく運ぶからです。もちろん，トレルチは，具体的な主題の取り扱いに優れているの

で，その限りでは，重要な好敵手です。私は自分の神学研究から多くのことを十分に知っていると思いたいのですが，それでも，〔宗教を研究する際に出会う〕こうした困難を，私は昨年経験しました。しかし，哲学的に成長すればするほど，新たな把握が突然できるようになり，完成したと思えたものや公表に値すると思われたものが崩れていくのです。そういうわけで，私は目下もう一度，宗教史の研究（とくに原始キリスト教）に取り組み，この夏，アウグスティヌスと新プラトン主義について，3時間講義[*4]を行います。その背景には，なおもラスクが影響しており，彼のプロティノス解釈[*5]は，萌芽的なものではありますが，重要なものと考えています。もちろん，私は問題を，哲学的，とりわけ宗教哲学的概念形成との関係で見ております。ここで成果を上げるためには，現象そのものに対する深い理解と本来的な親密さしか役立ちませんし，私は哲学史の中に馬鹿げた考えがあることを日々見ております。私は，あなたの哲学によって自分が規定されることで，通常とは別の仕方で現象学のうちに立っております。つまり，私は哲学にとって歴史的なものが有する原理的な重要性を分かっております。まだそれを理解してはいないにしても，です。それに，両方の「領域」においても現実に作業をしなければなりません。今やこのことはあまりにも自明なことですので，こうしたことに関するメモ帳を印刷する必要はないですし，あの『精神科学序説』に存する唯一の哲学的な英知としてこれを公表する必要はないのです。精神科学について（哲学的に）研究している者は，そうした英知を知らねばなりません。私もこの意見に賛成です。ただし，そうしたことについて本を書いたり，意見を広めたりする必要はありません。そうした「知識」という名目で，哲学的なものが真に進歩する保証が得られると思うのは間違いです。このような歴史哲学の虚飾に対して，あな

たのご著書はまさに今，より明確で新たな使命をお持ちです。私はこの冬『限界』に関するゼミナールを計画しております[*6]。

　残念ながら，たとえ形式的であっても，何もお返しができないことをお許しいただかねばなりません。

　私はときどき，原始キリスト教がもつ宗教性の現象学に関する私の仕事について，つまり，新プラトン主義とアウグスティヌスについてフッサールに説明しているのですが，彼もまた私を急かし始めています。私が簡単に印刷し始めることができる，と彼は思っているのです。しかし，結局，私は何度もこう言うことになります。私自身が納得できないならば，そうすべきではないと——そのため，私が苦労して起こした聴衆たちの「熱狂」も重要ではありませんし，それさえも何も変えることはできないのです。逆なのです！

　「非常に多くの正教授のポストに空きが出ている」というのに，こうしたことは外部から見ればおそらく常軌を逸しており，実践的ではなく，非政治的に見えるでしょう。しかし，30歳から40歳の年月は一度きりであり，その時なにも成し遂げないのなら，秘書にでもなったほうがましでしょう。適当に仕上げたその場しのぎの本で学問の世界を欺いたと，後になって言われるよりもその方がましです。物の数に入れてもらうためには，まず「本」を書かねばならないということが，哲学の著作の奇妙な「増殖」を引き起こし，哲学者であることが著作によって評価されるという偏見を強めているのです。他方で，このことが良い刺激剤にもなっています。しかし，私はそうした刺激剤を必要とはしておりませんし，自分が本を出す能力がないことの弁明をしたいとも思いません。

　真に哲学的な志操と研究の厳格な維持，これを人々に確実に示すことはできませんが，それでも，そうした信頼を

再び得る必要があるわけですが，そうした維持があなたにとって重要であるということも，私は分かっております。

　尊敬を込めて，
　また奥様にもどうぞよろしくお伝えください
　　　　　　あなたのマルティン・ハイデッガー

注　記

*1　「『文化科学と自然科学』[1]」：リッカートは，著書『文化科学と自然科学』の改訂増補第2版をチュービンゲンのモール社から1910年に公刊した。

*2　「私は大部な本はもちろん，以前の本もすみずみまで知っている」：リッカートの『文化科学と自然科学』第2版は，第1版と同じほどの分量が加わるまでに倍増した。

*3　「冬学期講義「宗教の現象学への入門」」：この講義については，全集第60巻『宗教的生の現象学』および，トレルチ解釈については19–30頁を参照。

*4　「この夏，アウグスティヌスと新プラトン主義について，3時間」：この講義については，全集第60巻『宗教的生の現象学』を参照。

*5　「彼のプロティノス解釈」：ラスクによる独立したかたちでのプロティノス解釈は残されていない。ハイデッガーはここでおそらく，ラスクの『哲学の論理学とカテゴリー論』第4章の第1節を参照していると思われる。ラスクはそこでアリストテレスや中世に加えて，プロティノスを扱っている。

*6　「私はこの冬『限界』についてのゼミナールを計画してお

　1）（訳注）佐竹哲雄，豊川昇により邦訳がなされている。『文化科学と自然科学』岩波書店，1939年。

ります」：リッカートの『自然科学的概念形成の限界』についてゼミナールを行うというハイデッガーの計画は，実現することはなかった。

30

ハイデッガーからリッカートへ

フライブルク，1921年6月25日

枢密顧問官殿！

 4月にヤスパースがこちらに滞在中，彼は自分の著書についての私の論評を提供してほしいと頼んできました。新版の見込みがあるから，ということでした。私の原稿は読みづらいものでしたので，タイプで書き起こすことに決めました。ある学生が親切心からテキストを打ってくれましたが，週に数時間でしかありません。私はその際かなり要約しましたし，目下，ほとんどギリシア語とラテン語を読んでいますので，文体はよりギリシア的です。したがって，ご寛恕いただきたく思うのですが，表現の不自然さはそうした事柄そのものにも根ざしているのです。

 『ゲッティンゲン学報』には3分の1ボーゲンしか書けないので，その大部分は印刷されないことになるでしょう。ヤスパースが全体を持っていれば，目的は達成です。私がご訪問した際，論評の送付をお約束しておりましたので，原稿を一部お送りいたします。

 アリストテレスについての研究[*1]に加えて，私はマックス・シェーラーを以下の二つの観点で原理的に批判すること[*2]を試みています。1. シェーラーによる現象学の解釈（それはいくつの点でたしかに，本質認識を無批判に過度に誇張し，その結果，真の一貫性を欠いています）。2. 神学と宗教史に対するシェーラーの態度。現象学の内部で

の良心の研究は不可避的なものになっております。

尊敬を込めて
　　　　　あなたのマルティン・ハイデッガー

奥様にどうぞよろしくお伝えください

注　記
*1　「アリストテレスについての研究」：1920 年代初頭，ハイデッガーは自らの講義や演習において，熱心にアリストテレスに取り組んでいた。全集第 61 巻『アリストテレスの現象学的解釈』を参照。その包括的な研究は，1922 年に報告書としてまとめられ，これがパウル・ナトルプとゲオルク・ミッシュに送られたのである。この報告は 1989 年，「アリストテレスの現象学的解釈──解釈学的状況の呈示」[1)] というタイトルのもと，『ディルタイ年報』第 6 巻に掲載された。これについては，全集第 16 巻，41-45 頁，ハイデッガーの「経歴」を参照。

*2　「マックス・シェーラーを原理的に批判すること」：マックス・シェーラー（1874-1928）はフッサールと並ぶ最も重要な現象学者の一人であり，1919 年から 1928 年までケルンで社会学の教授を務めた。ハイデッガーは 1924 年にケルンで行われたシェーラーの講演「アリストテレスにおける現存在と真存在〔Dasein und Wahrsein nach Aristoteles〕」の際に，個人的に彼と知り合いになった。この出会いが，1928 年 5 月 19 日のシェーラーの死まで続く友情の始まりであった。1928 年夏学期の講義の最中，ハイデッガーは 5 月 21 日にシェーラーへの短いが賛辞のこもった追悼演説を行った。これについては，全集第 26 巻『論理学の形而上学的な始原諸根拠』，62-64 頁を参照。ハイデッ

---

1)　（訳注）いわゆる「ナトルプ報告」のこと。邦訳は，『アリストテレスの現象学的解釈──『存在と時間』への道』（高田珠樹訳），平凡社，2008 年。

ガーの批判がそもそもシェーラーのどの著作に関するものであったのか，一義的に確定することはできない。ハイデッガーは，『倫理学における形式主義と質料的価値倫理』(1913) と『共感の本質と形式』(1923) に加えて，『キリスト教の愛の理念と現代の世界』(1918) および『宗教の諸問題』(1918-21) も研究していた（その他の主著など[2]：*Der Genius des Krieges und der deutsche Krieg* 1915; *Die deutsche Philosophie der Gegenwart* 1922; *Die Formen des Wissens und die Bildung* 1925; *Die Stellung des Menschen im Kosmos* 1927)。

---

[2] （訳注）邦訳として，『シェーラー著作集』全15巻が白水社から刊行されている。

31

ハイデッガーからリッカートへ

マールブルク，1924 年 4 月 10 日
シュバンアレー 21

枢密顧問官殿！

 ラスクについてのあなたの記事[*1]をお送りくださり，心より御礼を申し上げます。熱狂，それどころか宗教性はすばらしい「もの」ですが，それだけでは哲学的な研究は生まれません。「概念」に支配権を得させるためには，まずもって概念性のための本能を再び植え付けることが必要であり，それは，哲学の内部でなにがしかを「言おう」とする者の課題なのです。ですから，あなたが時代遅れになったこの当然のことを，はっきりと強調してくれたことを，私は非常にうれしく思います。
 「形而上学的欲求」というものは，今日では何にでもすぐに飛びかかっていくので，ラスクに正当な影響力が与えられうるよう配慮せねばなりません。現代人には，ある事柄のもとで実際に持ちこたえること，その事柄を思索し抜くことを再び教える必要があるのです。
 それゆえに，あなたの論考「一，統一，ひとつ。数概念の論理学への注記」[*2]の新版を，私はとても歓迎しております。これによって，その論考を演習に取り入れる機会ができました。およそ 10 年前に，私は一度，あなたのご著書『定義論』をゼミナールで扱うことを提案いたしました[*3]。当時，その希望を出したのは私一人でした。今も状況は改善してはおりません。ひとは何よりも絶対的なもの

と関わりたがるものです。しかし，過去には異なっていたことがあったでしょうか〔＝これまでもずっと状況は変わっていないのです〕。決定的なのことは，我々がギリシア人たちが持っていた「概念」に対する情熱を追い求めることなのです。

変わらぬ感謝を込めて
あなたのマルティン・ハイデッガー

注 記

*1 「ラスクについてのあなたの記事」：Heinrich Rickert, »Emil Lask«. In : Frankfurter Zeitung Jg. 69, Nr. 889 vom 30.11.1924, Erstes Morgenblatt.

*2 「あなたの論考「一，統一，ひとつ。数概念の論理学への注記」[1]」：Heinrich Rickert, »Das Eine, die Einheit und die Eins. Bemerkungen zur Logik des Zahlbegriffs«. In : »Logos« II, 1911/12. リッカートは，1924年にチュービンゲンのモール社から出版された改訂版の見本をハイデッガーに進呈した。

*3 「およそ10年前に，私は一度，あなたのご著書『定義論』をゼミナールで扱うことを提案いたしました」：Heinrich Rickert, »*Zur Lehre von der Definition*« (Universität Straßburg, Philosophische Dissertation). Freiburg : J. C. B. Mohr (Paul Siebeck), 1888. ハイデッガーはここで，1915年に同社から出版された改訂第2版を参照している。

---

1) （訳注）邦訳は，『一者，統一および一』（伊藤謹一郎訳），岩波書店，1931年。

32

ハイデッガーからリッカートへ

マールブルク，1928 年 2 月 15 日

枢密顧問官殿！

『対象』[*1] の新版をお送りくださり，心より感謝を申し上げます。ご著書は，こちらからシュバルツバルトへ[*2] と私が出発した後，クリスマス休暇中に追送されました。子供たちのことがあるためマールブルクに留まっている妻が，先日はじめて小包を開け，中身について私に知らせたのでした。

私は学期中には，夏学期に予定している論理学講義[*3] の準備の研究にたどり着けないかもしれません。

あなたもご存知のように，あなたの著作から私が本質的に影響を受けているのは，『認識の対象』よりも『限界』[*4] のほうです。もし私が今日，一見するとまったく別の道を進んでおり，フッサールやあなたから見ると見分けがつかぬまでに遠ざかってしまったとしても，それでも，私には確信があります。それは，〔哲学の〕内容に関わるあなたの影響をまったく考慮しないとしても，あなたの哲学的な研究そのものが，当時の私にとってもっぱら本質的なものとなっていたこと，つまり，束縛からの解放と自由に哲学する決意の成熟に関して模範となっていたということです。

あらゆる学派や流行に属するかどうかに関係なく，結局は，そのような影響力のみが決定的かつ貴重なものとして

残り続けるのです。

　もちろん，私が信じているのは，自分の仕事をある程度客観的に見れる今だからこそ，あなたとの実り多き対話を期待していいだろう，ということです。

　春，シュバルツバルトから戻った際に，あなたからの贈り物に対して直接御礼を述べさせていただければと思っております。

　　敬意を込めて
　　　　　　あなたのマルティン・ハイデッガー

注　記

*1　「『対象』」：リッカート『認識の対象』。

*2　「こちらからシュバルツバルトへ」：ハイデッガーはトートナウベルクの自分の小屋でクリスマスを過ごした。

*3　「論理学講義」：ハイデッガーは 1928 年夏学期，論理学について講義した。全集第 26 巻『論理学の形而上学的始原諸根拠』を参照。

*4　「『限界』」：リッカート『自然科学的概念形成の限界』。

33

ハイデッガーからリッカートへ

マールブルク，1928 年 5 月 1 日

枢密顧問官殿

　ハイデルベルクに滞在中[*1]，あなたをお訪ねすることができずに心から残念に思います。

　フライブルクではすでにあなたのご子息[*2] から，あなたがまだご無理のできない状態でいると聞いておりました。ですので，お会いできないのかもしれない，とある程度覚悟はしておりました。

　また学期の開始には回復なさって，全力で仕事に再び取りかかれるようになりますことを，心よりお祈り申し上げます。

　フライブルクへの私の招聘[*3] とそれに関わるすべてのことは，とても順調で都合よく進んでおりますので，今後は，この講座の前任者たち[*4] に完全に恥じないような意義ある働きができることを願うばかりです。

　近い将来，より実りのある〈哲学すること〉のために，平穏な機会が与えられることを望んでおります。

　　敬意を込めて
　　　　あなたのマルティン・ハイデッガー

注　記
*1　「ハイデルベルクに滞在中」：ハイデッガーは 4 月，ゲスト

としてヤスパースのもとに少しの間滞在していた。これについては、ハイデッガーのヤスパース宛書簡 1928 年 5 月 1 日、およびアレントとの往復書簡、1928 年 2 月 19 日、4 月 18 日および 22 日を参照（*Arendt / Heidegger Briefe*, S. 62–66）。

*2 「あなたのご子息」：アーノルト・リッカート (1889–1976) は彫刻家で、ビーレフェルト芸術学校の教授であった。1920 年 8 月、彼はフッサールの胸像を制作し、フッサールは後に、友人や弟子から 70 歳の誕生日の贈り物としてこれを受け取った（これについては、フッサールのリッカート宛書簡 1920 年 8 月 9 日を参照。»*Husserl Briefwechsel*«, Bd. V : *Die Neukantianer*, S. 182–83 ; und »*Husserl-Chronik*«, S. 242 und 345）（公刊物：*Das Bilden in Ton : praktische Anleitungen zum Modellieren* 1940）。

*3 「フライブルクへの私の招聘」：ハイデッガーは 1928 年 10 月 1 日、フッサールの後任としてフライブルク大学に招聘された。彼の招聘はフッサールの支援もあって実現した。これについてはヤスパースとの往復書簡、1928 年 2 月 25 日、3 月 6 日、23 日、25 日を参照（*Heidegger / Jaspers Briefwechsel*, S. 90–93）。さらにアレント宛書簡 1928 年 4 月 2 日も参照（*Arendt / Heidegger Briefe*, S. 64）

*4 「この講座の前任者たち」：ハイデッガーの直接の前任者は、ヴィルヘルム・ヴィンデルバント、ハインリヒ・リッカート、そしてエトムント・フッサールであった。

34

リッカートからハイデッガーへ

ハイデルベルク,1929 年,7 月 17 日

親愛なるハイデッガー様

あなたはずっと以前に私の息子[*1]を通して,私を訪ねるつもりであると言っておりましたので,実際それを期待しておりました。というのも,あなたは,私が 20 年間座っていた正教授の職に就いているので,あなたが私の以前の教え子として一度は私のところに来ることは,本来とても自然なことであろうからです。残念ながらそうはなりませんでした。それがなぜなのか私は分かりませんし,もうそれについてはこれ以上考えるのをやめましょう。今日は別件であなたに手紙を書いています。ダヴォスにおけるあなたとカッシーラーとの討論[*2]に関するタイプ原稿によれば,カッシーラーの「あなたが新カント派のもとに何を理解しているのか」という問いに,あなたは,コーエン[*3],ヴィンデルバント,リッカート,エルトマン[*4],そしてリール[*5]の名前を挙げており,こうした人々皆が科学〔的学問〕の認識だけを望んでいて,存在者の認識を望んでおらず,それがカントの意向に沿ったものであると信じている,そう理解されてしまういくつかの言葉を付け加えています。私の著書『現代文化の哲学者としてのカント』[*6]における 151 頁から 153 頁を読んで,ここで述べられたことと,あなたが明らかに私もそこに数えいれられている新カント派というものについてのあなたの説明とが,どのよ

うにして相容れるものであるのか，私に言ってもらいたいのです。私は，教育活動全体を通して，5年以上前に印刷したこうした考え方を今も持っていますので，私はそもそも，あなたが学生の時分に，どうして，こうした私の考えが通じなかったのか理解することができません。このことについて一度あなたと話し合いたいと思っています。というのも，我々の意見が非常に異なっているにしても，そのような・事・実・に関する問題については，合意に至ることができるからです。私は，とても期待しているあなたのカント書[*7]を送って下さるのを待って，我々はこのことについて理解し合うよう試みたいのです。しかし，あなたの約束された訪問がなされなかったように，このカント書をこれまでに送ってくださってはいません。率直に言えば，そのことが不思議なのです。なぜなら，私は，以前私の学生であった人たちとの・個・人・的・な関係を大切にしており，彼らが・学・問・的・に私とはまったく異なる道を歩んでいる場合でも，その関係が損なわれることはないと思っているからです。私は常にそうしてきましたし，それに，我々はこれまで個人的にほんのわずかなさかいすら持つことはなかったのですから，この場合は私が主導権を取って，少なくともあなたとの個人的な関係を維持しようと努力したいと思います。我々が学問的には折り合いをつけることができないにしても，です。

　心からの挨拶と，あなたからすぐにでもお知らせが来ることを，望むらくはすぐにでも会えることを希望して。

　　　　旧情を込めて
　　　　　　　あなたのハインリヒ・リッカート

注　記
*1　「私の息子」：ハイデッガーは，フッサールの70歳の祝い

の席でアーノルト・リッカートと出会い，彼の父への挨拶を伝えていた。

*2 「ダヴォスにおけるあなたとカッシーラーとの討論」：ハイデッガーは1929年3月17日から4月6日にかけて開催された第二回ダヴォス高等教育講座において，「カントの『純粋理性批判』と形而上学の基礎づけの課題」に関する三つの講演を行った。ダヴォスでは，ハイデッガーとエルンスト・カッシーラー（1874–1945）との間で有名な討論が行われた。これについては，全集第3巻『カントと形而上学の問題』を参照。カッシーラーはヘルマン・コーエンの弟子として，マールブルク新カント派の最後の偉大な代表者である。彼は1919年から1933年までハンブルク大学の教授を務めた。その後，スウェーデン，イギリス，そしてアメリカへと移り住んだ（主要著作[1]：*Das Erkenntnisproblem in der Philosophie und Wissenschaft der neueren Zeit*, 3Bde. 1906–20; *Substanzbegriff und Funktionsbegriff* 1910; *Philosophie der symbolischen Formen*. 3Bde. 1923–29; *An Essay on Man* 1944; *The Myth of the State* 1946）。

*3 「コーエン」：ヘルマン・コーエン（1842–1918）は（マールブルクの）新カント派の代表者で，1875年から1912年までマールブルク大学の教授（重要著作[2]：*Kants Theorie der Erfahrung* 1871; *Kants Begründung der Ethik* 1877; *Kants Begründung der Ästhetik* 1889; *Logik der reinen Erkenntnis* 1902; *Ethik des reinen Willens* 1904; *Ästhetik des reinen Gefühls* 1912; *Religion der Vernunft aus den Quellen des*

---

1) （訳注）カッシーラーの邦訳の主なものとして，『シンボル形式の哲学』（一）〜（四）（生松敬三・木田元・村岡晋一訳），岩波文庫；『実体概念と関数概念』（山本義隆訳），みすず書房；『啓蒙主義の哲学』上・下（中野好之訳），ちくま学芸文庫など多数。

2) （訳注）コーエンの邦訳は，大正年間から昭和初期に多くなされ，主なものとして，『純粋認識の論理学』（藤間蔵六訳），岩波書店，1923年；『プラトンのイデア論と数学』（高田三郎訳），岩波書店，1928年；『純粋感情の美学』（村上寛逸訳），第一書房，1939年などがある。

Jugentums 1919)。

*4 「エルトマン」：ベンノ・エルトマン (1851–1921) はアカデミー版カント全集の編者 (主著：*Die Axiome der Geometrie 1877, Logik I (Elementarlehre)* 1892; *Wissenschaftliche Hypothesen über Leib und Seele* 1907; *Die Idee von Kants Kritik der reinen Vernunft* 1917)。

*5 「リール[3]」：アロイス・リール (1844–1924) は新カント派の重鎮で，1905 年にはディルタイの後任としてベルリン大学に勤めた。彼はカント主義と実証主義の総合を目指した（主要著作：*Realistische Grundzüge* 1870; *Der philosophische Kritizismus und seine Bedeutung für die positive Wissenschaft*, 2Bde. 1876–87; *Zur Einführung in die Philosophie der Gegenwart, Acht Vorträge* 1903; *Philosophische Studien aus vier Jahrzehnten* 1925)。

*6 「『現代文化の哲学者としてのカント』[4]」：Heinrich Rickert, »*Kant als Philosoph der modernen Kultur. Ein geschichtsphilosophischer Versuch*«. Tübingen : J. C. B. Mohr (Paul Siebeck), 1924.

*7 「カント書」：『カントと形而上学の問題』，ボン，フリードリヒ・コーエン，1929（現在は全集第 3 巻に所収）。

---

3) （訳注）リッカートは 1891 年，リールのもとで『認識の対象』を提出し，教授資格を取得した。学位論文である『定義論』は，1888 年にヴィンデルバントのもとで仕上げている。

4) （訳注）邦訳は『現代文化の哲人としてのカント』（三井善止・大江精志郎訳），理想社，1981 年。

35

ハイデッガーからリッカートへ

フライブルク，1929 年 7 月 25 日

　あなたからのお手紙に心から感謝いたします。私は今やっと手紙を書いております。私の就任講演[*1]があり，昨日までとてもばたばたしていたのです。

　これまでの出版物すべて[*2]がそうであったように，私のカント書をお送りすることは当然のことです。これまでそれができなかったのは，もっとましな紙で印刷された冊子を私がいまだに受け取っていないからです。

　ダヴォス討論の原稿に関して，私が恐れていたことがすでにあなたの手紙から窺うことができます。「速記原稿」は，私がはっきりと要求しているにもかかわらず，全体をチェックする機会が私には与えられないまま，任意の縮約版で勝手にコピーされています。他にも問題はあるのですが，まったくの省略によって歪曲が生じているのです。

　したがって，この迷惑な新カント主義についての私の説明は，まさに「まったく不十分に」描写されています。私がはっきりと強調したことは，カントに焦点を当てる新たな動機を特徴付けることだけであって，名前を挙げた思想家の体系的で哲学的な業績を特徴付けるものではない，ということです。カッシーラー自身がこうした質問をしたのは，風邪のため私の 2 回目の講演を聞くことができなかったからです。我々は次の点で意見が一致しておりました。それは，ハイムゼート[*3]やその他の人がそうしているように，形而上学を外から引っ張り込むことによっては何も得

られないだけではなく，以前のカント解釈の徹底性すら達成されないということです。

私は，「新カント派」について，報告にあるように語ったわけでも，そもそもカント全体に対する見解に触れたわけでもありません。そうではなく，超越論的感性論と超越論的分析論の解釈の問題だけに言及したのです。これらは「認識論的に」解釈されてきたし，今もされていることを否定する人はいないでしょう。

カント哲学の全体が有する隠された問題系は非常に難しいものであると考えておりますし，そのことについて，軽率に何か本質的なことが言えるとは思いません。それにまた，ヘーゲルないしその他の哲学へと歩みを進めることによって，なにかが得られるとも信じてはおりません。むしろ，私は，結局のところ，有限性の問いに関連して，あなたと意見が一致すると考えております。異なる道を辿って問題の解消がなされようとも，です。

お約束した訪問に関しましては，こちらに来て以来，一度もハイデルベルクに行くことができませんでした。今秋，その機会が訪れることを望んでおります。私の約束が果たされれば，私もうれしく思います。

あなたがどれほど私の研究に対して好意的ではないにしても，それはギリシア人について書かれて雑誌に載ったあなたの論説[*4]から，それを読める誰にとってもはっきりしているのですが，私はあれやこれの批判，たとえば，少なくともあなたの許可なしには出ることはなかったファウスト氏の奇妙な批判[*5]を，いかなる時も個人的なものと受け取ったことはありませんでした。

14年前の今日，私の教授資格試験がトゥルンゼー通りのあなたのもとで行われました。このことやフライブルクでの最後の二学期間のあり様のすべてが，1915年の栄光の時代と比べて今のフライブルクにはその面影がほとんど

ないないだけにいっそう，あなたへの感謝を絶えず思い出させるのです。〔哲学上の見解に関して〕あなたとあらゆる点で異なっていようとも，私はあなたの精神をここで持ち続ける努力をし，おそらく，あなたの〔フライブルク〕時代よりも困難な闘いを前に，少しも臆することはない，ということを信じていただきたいのです。

　心からご挨拶を，変わらぬ尊敬を込めて
　敬意を表して
　　　　　　あなたのマルティン・ハイデッガー

　注　記

*1　「私の就任講演」：この講演はフライブルク大学の大講堂で7月24日に行われた。『形而上学とは何か』，ボン，フリードリヒ・コーエン，1929。現在は全集第9巻『道標』所収。

*2　「これまでの出版物すべて」：ハイデッガーは確かに，『心理主義における判断論』，『ドゥンス・スコトゥスのカテゴリー論と意義論』，そして『存在と時間』を送っていた（これについては，ハイデッガーのリッカート宛書簡1914年11月3日，1916年11月28日そして，リッカートのハイデッガー宛書簡1929年8月3日を参照）。ハイデッガーがリッカートに，「フッサール70歳誕生記念」祝辞（現在これは全集第16巻所収）および，『エトムント・フッサール70歳誕生記念論文集』に収録された「根拠の本質について」（ハレ・アン・ザーレ，ニーマイアー出版，1929．現在は全集第9巻『道標』所収）の抜刷りを送っていた可能性は非常に高い。

*3　「ハイムゼート」：ハインツ・ハイムゼートは，とりわけカント研究者として知られている。彼はケーニヒスベルク大学で1923年から31年まで哲学教授を務め，1931年から

はケルン大学に移った（重要な公刊物[1]：*Die sechs großen Themen der abendländischen Metaphysik* 1922; *Metaphysik der Neuzeit* 1929; *Transzendentale Dialektik. Ein Kommentar zu Kants »Kritik der reinen Vernunft«*, 4Bde. 1966–71）。

*4 「ギリシア人について書かれて雑誌に載ったあなたの論説」：Heinrich Rickert, »Die ewige Jugend der Griechen«. In: Die Pädagogische Hochschule, Jg. 1, Bühl/Baden, Heft 1, 1929.

*5 「ファウスト氏の奇妙な批判」：アウグスト・ファウスト（1895–1944）は、ハイデルベルクでのリッカートの助手。彼は1920/21年冬学期に、ハイデッガーの講義「宗教の現象学への入門」を聴講していた。1933年、彼はハイデルベルクで教授になり、後にはチュービンゲン、ブレスラウで教えた。また、雑誌 Pädagogische Hochschule の編者であり、雑誌『ロゴス』の寄稿者でもあった。ファウストはヤコブ・ベーメの著作集の編集も手がけた。書簡で言及されている「奇妙な批判」とは、1927年にモール社から出版されたファウストの著作『ハインリヒ・リッカートと、現代ドイツ哲学におけるその位置づけ』を指している（重要な著作：*Der Möglichkeitsgedanke. Systemgeschichtliche Untersuchungen*. 2Teile, 1931–32, *Deutsche systematische Philosophie nach ihren Gestaltern*, Bd. II 1934, *Das Bild des Krieges im deutschen Denken* 1941）。

---

1) （訳注）邦訳として、『近代哲学の精神——西洋形而上学の六つの大テーマと中世の終わり』（座小田豊、須田朗他訳），法政大学出版局，1995年：『近代の形而上学』（北岡武司訳），法政大学出版局，1999年：『魂・世界および神——カント『純粋理性批判』註解 超越論的弁証論』第一部および第二部（山形欽一訳），晃洋書房，1996年（第一部），1999年（第二部）など。

36

リッカートからハイデッガーへ

ハイデルベルク，1929 年 8 月 3 日

ハイデッガー様

　あなたの親切なお手紙に対して，そして，あなたのカント書をお送りくださったことに感謝いたします。あなたの手による作品がとても良い紙で印刷されたことをうれしく思います。徹底して読み込むまでにはまだ至っていませんが，この本に対して私の立場をとれるまでには，まだいくらか時間がかかるだろうと思います。あなたが予想しているように，一目見て，多くの点でとても反論を引き起こしはするのですが，しかし他方で，あなたの研究は非常に根本的なカント理解に基づいており，それについて細心の議論が必要である，という印象を受けました。あなたが秋に私のもとへ来て，そのときあなたのカント理解について詳しく語り合うことができるなら，とてもうれしく思います。それまでにはきっとその準備をしておくつもりです。

　あなたのダヴォスでの講演が不適切に再現されたものだと聞いて，そのコピー原稿に書いてあったものが私の疑念を惹起しただけに，私は嬉しく思います。この点についても，いずれ語り合えると期待しております。もちろん，カントの感性論や分析論はこれまで「認識論的に」解釈されてきましたが，認識論の概念は明確とは言い難いという点に関して，あなたが言うのももっともです。正直に言わねばなりませんが，あなたのカント書のいくつかの箇所は私

に次のような印象を与えています。それは，あなたが存在者的認識とは対照的に，存在論的認識ということで理解しているものが，私が認識論的認識と呼んでいるものとほとんど同じである，ということです。どんな認識論もある意味では存在論でなければなりません。このことも手紙で片づけられることではありません。

　こうした事情についてもう少し言っておきたいことがあります。こう言ってよければ，私がギリシア人の永遠なる若々しさについての小論[1]で書いたことを実際に読んで何か感じましたか。第一に，私はそこでとくにあなたのことではなく，昨今のニーチェやキルケゴールのエピゴーネン，あるいは場合によっては，その両者が混ざった類の人たちについて考えていました。私は若いころから，つまり，ニーチェとキルケゴールがまだそれほど知られる前から知っていましたし，私にとって彼らはつねにきわめて興味深い存在でした。しかし同時に，私は，こうした奇妙な熱狂者以上に，学派を作ることに適さない思想家に一度として出会ったことがありません。それに，こうした人たち〔ニーチェ，キルケゴール〕の思想を学としての哲学に変換するどんな試みに対しても，私は断固として拒絶する態度をとっております。しかし，あなたはほんとうにキルケゴールのエピゴーネンの一人になりたいのでしょうか。私はあなたの哲学について，今は判断することができません。というのも，私があなたの思想に対して意見を述べるには，『存在と時間』の第2部が出るのをまずは待たねばならない[*1]からです。たとえば，前述定的真理など，私が決して引き受けることができない多くのものがあります

---

　1)　（訳注）一つ前の書簡35で述べられている「ギリシア人について書かれて雑誌に載ったあなたの論説」，つまり，»Die ewige Jugend der Griechen«. In: Die Pädagogische Hochschule, Jg. 1, Bühl/Baden, Heft 1, 1929 のことを指すと思われる。

36 リッカートからハイデッガーへ

が, 他の点では, 一見そう見えるかも知れませんが, 我々はそれほど遠く隔たっているわけではないかもしれません。たとえば, あなたが「自由は根拠の根拠である」と書く際, 私はこれを拒絶するほど遠くにいるわけではありませんし, 正確に言えば, 私は, こうした文言にまったく同意する意味を結び付けることもできるのです。さて, こうしたことについても, おそらく秋に語ることができるでしょう。

今日はファウスト博士について一言だけ付け加えておきます。彼の批判があなたの気に入るものではなかったことを, 私は理解しています。彼自身は, あなたについて何か決定的なことを述べたとは信じていないようです。ただし, あなたについてのファウストのコメントを私が知ったのは, すでにその論文が印刷された後のことでした。したがって, これらの文言〔ハイデッガーに関する批判を述べた文言〕は私が同意して出されたものだ, というのは正しくはありません。ファウストが私に原稿を見せて, それをドイツ語で出してよいかどうか尋ねたとき, そこにあなたの名前はまだありませんでした。あなたの本はまだ出版されておらず, いずれにせよ, ファウストはあなたに関わることを後に付け加えたのでしょう。私は事実確定だけをしたかったのですが, それに加えてお願いがあるのは, 私自身が明示的にあなたの名前を述べる場合に限り, それをあなたに関する私の判断とみなしてください, ということです。

私の家で 14 年前に行われた教授資格論試験についてのあなたの, 友情のこもった言葉をとても嬉しく思いますし, あなたの変わらない心情の表れに感謝します。是非ともお願いしたいのは, あなたと個人的にも学問的にも連絡し合うことです。それに寄与することであればなんでも歓迎いたします。

ご多幸をお祈りいたします。
　　　　　　　あなたのハインリッヒ・リッカート

注　記

*1 「『存在と時間』の第 2 部が出るのをまずは待たねばならない」：『存在と時間』，『哲学と現象学的探求のための年報』第 8 巻，1927 年所収。個別の公刊物はハレ・アン・ザーレのニーマイアー社（現在は，全集第 2 巻『存在と時間』所収）。第 2 部は公刊されなかった。これについては，ハイデッガーのエリザベート・ブロッホマン宛書簡 1932 年 9 月 18 日（*Heidegger / Blochmann Briefwechsel*, S. 54），およびヤスパース宛書簡 1926 年 12 月 26 日を参照（*Heidegger / Jaspers Briefwechsel*, S. 71）。

37

ハイデッガーからリッカートへ

フライブルク゠ツェーリンゲン，1929 年 12 月 1 日

枢密顧問官殿

　このあいだの秋季休暇中，残念ながらハイデルベルクを訪れることができませんでした。おそらくご存知かもしれませんが，近日中，講演の折に伺えるはずです。その後，金曜と土曜はハイデルベルクに（ヤスパースのもとに）滞在するでしょう[*1]。

　枢密顧問官殿，あなたが学期中に私のために時間を割いていただけるのであれば，とてもうれしく思いますし，その場合はどうか，いつお訪ねすればよいか，ヤスパースに寄せてお知らせください。

　昔からの尊敬を，奥様によろしくお伝えください。

　　　　　　あなたのマルティン・ハイデッガー

注　記

*1 「講演の折に伺えるはずです。その後，金曜と土曜はまだハイデルベルクに（ヤスパースのもとに）滞在するでしょう」：ハイデッガーは 1929 年 12 月 5 日にハイデルベルク大学の学生組織の招きで，就任講演であった「形而上学とは何か」ついてハイデルベルクで話し，その後，ヤスパースと数日間過ごした。これについては，ハイデッガーとヤスパースの往復書簡，1929 年 10 月 18 日と 21 日，12 月 1 日，2 日そして 5 日の書簡を参照（*Heidegger / Jaspers*

Briefwechsel, S. 126–29）。

38

リッカートからハイデッガーへ

ハイデルベルク，1929 年 12 月 4 日

ハイデッガー様

　あなたの訪問をとても楽しみにしてます。この数日，残念ながら熱が出て風邪で寝ておりましたが，すでにだいぶ良くなっていますので，明日は講義を行えると思います。金曜か土曜にあなたにお会いできることは，おそらく可能でしょう。金曜の午後でも，土曜であればあなたの都合のよい時間でかまいませんので，時間を決めてください。せっかく会うのですから，それなりに時間がとれることを望んでおります。じっくりと話し合えるよう準備しておいてください。あなたが金曜の午後，たとえば 4 時半くらいに私のところへお茶を飲みに来てくれるなら，とくにありがたいです。私の妻もそのときあなたに会えれば喜ぶでしょう。それと，〔事前に〕電話でお知らせください。金曜の午後に来られないということになれば，別の時でも構いません。その場合は，〔電話の際に日程を〕決めれることができればと思います。

　　敬具
　　　　　あなたのハインリッヒ・リッカート

　たったいまファウストから知らせがありました。ホテルでのあなたの講演の後に，学生たちが彼を討論に招待した

とのことです。ファウストは，参加したいと思っているようですが，あなたが彼の参加を煩わしいと感じなければ，そういたしましょう。彼には，あなたに尋ねておくと伝えてあります。電話をくださるなら，この件についてお知らせください。ファウストは私のところに滞在していますので。

39

ハイデッガーからリッカートへ

フライブルク，1930 年 5 月 20 日

枢密顧問官殿

　私の招聘にあなたからお祝いのお言葉をいただいたことへの感謝[*1]が，この忙しい数週間を経たものになってしまったことをお許しください。あなたのお手紙がとくに私を喜ばせてくれたことは，言うまでもありません。とりわけお知らせいただいた対話が，非常に重要な点をテーマにしているので，それを楽しみにしております。私はますます学びたいという願望がありますし，それは根本においてはつねに抵抗に直面するということです。

　数日前，ベルリンへの招聘を断りました[*2]。損得を計算してのことではなく，あらゆる面での「感覚」からそうしました。最初から，そこは自分の居場所ではないと確信していたからです。とりわけ哲学そのものへの取り組みが，つまり，私にとってはその取り組みが穏やかに展開することを意味するのですが，それがもはや自由にならない教育活動よりも緊急性を持っているからです。

　私はしばしばあなたとの先日の対話を思い出します。問題を別の仕方で根本的に把握し評価するために必要な広がりと落ち着きを得るのに，時間がかかりそうです。

　存在論に関するあなたのご著書[*3]が，あなたの現在の体系的な方向性を理解する新たな手引きを私に提供してくれることを期待しております。

あなたのご好意に心からの感謝とご挨拶を申し上げます。

あなたのマルティン・ハイデッガー

注 記

*1 「私の招聘にあなたからお祝いのお言葉をいただいたことへの感謝」：ハイデッガーは3月28日にベルリン大学から招聘を受けた。（これについては，1930年3月29日のヤスパース宛書簡を参照。*Heidegger / Jaspers Briefwechsel*, S. 130）。リッカートの手紙はハイデッガーの遺稿には見つかっていない。

*2 「数日前，ベルリンへの招聘を断りました[1]」：1930年5月10日に，ハイデッガーはベルリンからの招聘を断った。これについては，1930年5月10日のブロッホマン宛書簡（*Heidegger / Blochmann Briefwechsel*, S. 34–35）および，1930年5月17日のヤスパース宛書簡も参照（*Heidegger / Jaspers Briefwechsel*, S. 132–33）。

*3 「存在論に関するあなたの著作」：Heinrich Rickert, »*Die Logik des Prädikats und das Problem der Ontologie*«. Heidelberg : Carl Winter, 1930 (= Sitzungsberichte der Heidelberger Akademie der Wissenschaften. Philosophisch-historische Klasse, Jg. 21, 1930/31 ; Nr. 1).

---

1) こうした事態に関するハイデッガーの思想的な立場を理解するためのテクストとして、1933年のラジオ放送「創造的な風景――なぜわれわれは田舎にとどまるのか？」（ハイデッガー全集第13巻所収）が参考になる。

40

ハイデッガーからリッカートへ

フライブルク，1930 年 11 月 26 日

枢密顧問官殿

　あなたのご著書に心から感謝を申し上げます[*1]。私の返信は遅れてしまい，まだまったく返信と言えるものでもありません。そうした場合に，通例書かれるような適当な挨拶や軽い懸念を含む感謝を私は書くことはできません。

　さしあたり私が考えたのは，対決は第2部に制限されるだろうということです。とくに私にとって第1部は馴染み深いので，これは前提としたいと思います。すぐに分かったことは，両者〔第1部と第2部のアプローチ〕がうまくいかないだけではなく，その議論が，なにもはかどらない虚しい戦いにならないためには，体系〔=『哲学の体系』〕[*2]も，その間に『ロゴス』で発表された論文[*3]も根本的に検討しなければならない，ということです。

　私は，あなたの論考の核心となる意義を，存在の問題をロゴスの「である〔ist〕」へと集中させ，そうして存在−論が浮き彫りされていることに見ております。私が意識的にかつはっきりと私の探求全体を〈存在と時間〉と名づけたのは，〈存在とロゴス〉ではないということを否定的に表しており，また，私の探求全体が「実存」や「実存哲学」とはまったく関係がないからなのです。

　しかし，事柄として，〈存在とロゴス〉／〈存在と時間〉という二つの問いの定立において中心となっているもの

は、私は真理概念に集約されると考えております。真理を「直観」へと還元するのではないにしても、真理と超越を根源的に一体なものとして理解するという私の試みに対して、直截かつ鋭意な非難がないことを寂しく思っております。私は「本質直観」と同様にこの「言葉〔＝直観という言葉〕」をたまたま避けているわけではありません。真理の第一の場所は判断ではないという点で、私がシェーラーに、否定的に、しかも外面的にのみ、一致している、とあなたが誤解されたのでは思っております。しかし、私が「シェーラーと」ということで述べていること、それは、その全体がアリストテレスの『形而上学』第10巻やその他、同じくらい明確に、ライプニッツにも見られる*4 ことなのです。

　それゆえ私は、いま挙げた問題の方向性において、あなたの最近の著作との対決を強化することを試みなければなりません。その際、私が提示した〈無〉の問題系を取り上げることは、不安という「概念」（！）に「言及すること」（231）*5 なしに可能なのかどうか、という問題があります。私は、無が不安においてのみ露わになると主張したわけでは決してなく、無は思考によっては「論理的に」のみ規定されており、この〈規定すること〉において、そしてこの規定にとって、すでに「知られ」ていると主張したのです。

　それでも、こうしたことは、私が対決のための準備をしている最中であり、すでに十分学んで新たな問いに進んでいるだろう、ということをあなたに伝えているにすぎません。

　それはそうと、ニコライ・ハルトマンが「存在論」というタイトルで勤しんでいるもの*6 は、私の試みと「名前」だけが共通しているにすぎません。硬直した事物だけを新たに記述するような空虚な洞察のあり方を、私はすでにそ

の「結果」においてだけではなく、姿勢においても拒絶します。どんなに頑張ってみても、彼の著作からはなにも学ぶことはできなかったのです。

今日でも、また、私の研究に対し最近噴出している激しいフッサールの拒絶[*7]の後でもなお、私は学ぶ者であり続けるでしょうし、そうあり続けたいと思っています。この・さ・し・あ・た・り・の文章は、それをあなたに伝えるものであり、何よりも、あなたがほんとうの論敵という栄誉を私に与えてくださったことに、心からの感謝を表します。

あなたのご健康を心からお祈りするとともに、奥様にどうぞよろしくお伝えください。

あなたにご恩のある教え子でありつづける
　　　　　マルティン・ハイデッガー

注　記

[*1]「あなたご著書に心から感謝を申し上げます」：Heinrich Rickert, »*Die Logik des Prädikats und das Problem der Ontologie*«.

[*2]「体系」：Heinrich Rickert, *System der Philosophie. Erster Teil : Allgemeine Grundlegung der Philosophie*«, Tübingen : J. C. B. Mohr (Paul Siebeck), 1921 (mehr nicht erschienen).

[*3] そのあいだに『ロゴス』で発表された論文[1]：
H. R., »Die Wetten in Goethes Faust«. In : »Logos« X, 1921/22.
H. R., »Die philosophischen Grundlagen von Fichtes Sozialismus«. In : »Logos« XI, 1922/23.
H. R., »Das Leben der Wissenschaft und die griechische

---

[1]（訳注）以下に挙げられたリッカートの文献のうち、邦訳のあるものついては、「言及されたハインリヒ・リッカートの著作」に記した。

Philosophie«. In : »Logos« XII, 1923/24. 現在は, »*Philosophische Aufsätze*« に所収。

H. R., »Die Methode der Philosophie und das Unmittelbare«. In : »Logos« XII, 1923/24, 現在は, »*Philosophische Aufsätze*« に所収。

H. R., »Die Einheit des Faustischen Charakters. Eine Studie zu Goethes Faustdichtung«. In : »Logos« XIV, 1925.

H. R., »Vom Anfang der Philosophie«. In : »Logos« XIV, 1925. 現在は »*Philosophische Aufsätze*« に所収。

H. R., »Max Weber und seine Stellung zur Wissenschaft«. In : »Logos« XV, 1926.

H. R., »Die Erkenntnis der intelligibeln Welt und der Methaphysik. Erster Teil«. In : »Logos« XVI, 1927 und »Zweiter Teil«. In : »Logos« XVIII, 1929.

*4 「その全体はアリストテレスの『形而上学』第10巻やその他, 同じくらい明確に, ライプニッツにも見られる」: アリストテレス『形而上学』第10巻, 1051a34–1051b9. ゴットフリート・ヴィルヘルム・ライプニッツ, »*Nouvelles Lettres et Opuscules inédits de Leibniz*«. Paris 1857, S. 179 und »*Opuscules et Fragments inédis de Leibniz*«. Paris 1903, S. 388. これについては, ハイデッガーの1928年夏学期講義『論理学』の注記も参照。現在は全集第26巻『論理学の形而上学的始原諸根拠』, とりわけ35–62頁。

*5 「(231)」: この頁数は, H. R., »*Die Logik des Prädikats und das Problem der Ontologie*« のことを指示している。これについては, 「形而上学とは何か」も参照。

*6 「ニコライ・ハルトマンが「存在論」というタイトルで勤しんでいるもの」: ニコライ・ハルトマン (1882–1950) は新カント派のマールブルク学派の代表者であり, マールブルクでは1923年から1925年までハイデッガーの同僚であった。後に彼はケルンとベルリンで教授を務めた。ハルトマンは主にカテゴリー論に取り組み, 新たな存在論を展開しようとしていた。また重要な哲学史家で

40　ハイデッガーからリッカートへ

もある（主著[2]：*Die Philosophie des deutschen Idealismus*, 2Bde. 1923–29; *Ethik* 1926; *Das Problem des geistigen Seins. Untersuchungen zur Grundlegung der Geschichtsphilosophie und der Geisteswissenschaften* 1933; *Zur Grundlegung der Ontologie* 1935; *Möglichkeit und Wirklichkeit* 1938; *Der Aufbau der realen Welt. Grundriss der allgemeinen Kategorienlehre* 1940; *Neue Wege der Ontologie* 1942; *Die Philosophie der Natur* 1950; *Ästhetik* 1953）。

*7　「私の研究に対し最近噴出している激しいフッサールの拒絶」：ハイデッガーはここで，『哲学と現象学的探求のための年報』第11巻で発表された『イデーン』でのフッサールによる「あとがき」を参照している。フッサールは以下のように述べている。
　「私の現象学的哲学とは極めて対照的に，厳密な学と哲学との間に一線を画そうとする現代の反動的な流れに対して，私はここで詳細に論じることはできない。ただはっきりと言っておきたいのは，そうした反動的な流れの側から私に対してなされた異論のすべては——つまり，主知主義であるとか，私の方法的アプローチが抽象的な偏向にとどまるとか，根源的で具体的な主観性，実践的活動的な主観性にはおよそ原理的に近づくことのないものであるとか，また，いわゆる「実存」の諸問題や同じく形而上学的諸問題にはおよそ原理的に近づくことのないものであるとか，そういった異論のすべては——，何らの正当性をも持ちえない，ということである」。

2）（訳注）邦訳は昭和初期から多くなされているが，比較的最近のものとして『哲学入門』（石川文康・岩谷信訳），晃洋書房，1982年；『美学』（福田敬訳），作品社，2001年；『ドイツ観念論の哲学』（村岡晋一他訳），作品社，2004年など。

41

リッカートからハイデッガーへ

ハイデルベルク，1932 年 2 月 5 日

ハイデッガー様

　ヤスパース氏が知らせてくれたことは，あなたの学生であるブレヒト博士，古典文献学者であり当地のギムナジウムの教師でもある彼が，我々の大学で哲学の教授資格を希望しているということでした。あなたはご自身の経験から分かっているでしょうが，私は，有能な学問的研究をこなせる若者たちに，学問上のキャリアへの道を開くことを喜んで引き受けますし，その際，若い哲学者が選ぶ〔学問上の〕「方向」をまったく問題にはしません。しかし，もちろんこの場合，彼の学問的資質について，ブレヒト博士[*1]の指導教員としてのあなたの意見を知ることが，とても重要だと考えています。そこで，あなたにお願いしたいのは，時間が許す限り，できるだけ詳しくブレヒト博士についてどのように考えているかを教えてほしいのです。これまでのところ，私は彼についてはまだ一行も読んでおりませんし，個人的にも彼を知りません。しかし，彼は近いうちに一度私を訪ねてくるでしょうし，これまでに発表した論文を持ってくるでしょう。その時までに，彼についてのあなたの意見をすでに知っているとありがたいのですが。

　あなたの講義を受けているフェデリチ博士[*2]が，先日，あなたからの挨拶を伝えてきて，近いうちにあなたが一度ハイデルベルクを訪れ，私にも会いたいということが，彼

の手紙に書いてありました。あなたにまたお会いすること
をとても楽しみにしていますし，おそらく，いくつか哲学
的な問題についてもお話しできればと思っています。

　心からのご挨拶を，旧情のままに
　　　　　　あなたのハインリヒ・リッカート

注　記
*1 「ブレヒト博士」：フランツ・ヨゼフ・ブレヒト (1899–1982) は 1920 年代の初頭からフライブルクのハイデッガーのもとで学んでいた。1932 年，彼はハイデルベルクのヤスパースのもとで，「意識と実存。現象学の本質と道」によって教授資格を得た。この研究は，1948 年になってはじめて，ブレーメンのヨハネス・シュトルム社から出版された。彼は 1950 年，マンハイム科学大学で哲学教授を務め，1952 年にはハイデルベルク大学の客員教授を務めた（主著：*Platon und der George-Kreis*, Leipzig 1929; *Der Mensch und die Philosophie* 1932; *Vom lebendigen Geist des Abendlandes* 1948; *Schicksal und Auftrag des Menschen. Interpretationen zu R. M. Rilkes Duineser Elegien* 1949）。

*2 「フェデリチ博士」：フェデリコ・フェデリチは 1931/32 年冬学期に，ハイデッガーの「カントの本来的形而上学（超越論的弁証論と実践理性批判）演習」および，1932 年夏学期には「プラトン『パイドロス』演習」に参加していた。おそらく，彼はハイデッガーの講義「真理の本質について。プラトンの洞窟の比喩とテアイテトス」および，「西洋哲学の始原（アナクシマンドロスとパルメニデス）」も聴講していた（重要な公刊物：*La filosofia dei valori di Heinrich Rickert* 1933; *Nazionalsocialismo* 1937; *Der deutsche Liberalismus* 1946）。

42

ハイデッガーからリッカートへ

フライブルク，1932年2月7日

枢密顧問官殿

　ブレヒトについての私の見解を喜んであなたに書かせていただきます。大戦以来，私は彼のことを知っています。我々は（私には二度目の1918年の）戦時訓練の際，同室で寝食を共にしておりました。1919年から1923年までの私の私講師時代，彼はいつも私のもとで研究をしておりました。その後，彼とはあまり会っておりません。数年前，彼の仕事上の負担が許す限り，こちらに戻ってきた場合には教授資格の検討ができるよう，より大きな学問的研究に取り組むよう促しました。

　その間，彼は様々なものを，とりわけ，ヘーゲルとキルケゴールに関する二つの論文集[*1]を出しています。私はこれらをとても評価しています。しかし，それだけで，私は彼を評価することはないでしょう。彼は別の研究も十分行うことができます。古典文献学の信頼のおける研究は，彼の学問的な姿勢全体に，最上の基盤と最高の基準を与えています。多岐にわたる独自の解釈に基づいて，偉大な思想家たちに根本的に習熟することによって，彼は事象的な問題の生き生きとした理解を確実なものにしています。彼のまじめで率直な性格には，自由で独立した立場に対する自然な感覚があります。彼は自分が魅かれないところにも積極的なものを見つけて探求します。私に対する彼の態度で

は，独立した判断よりも熱烈な愛着が勝っています。しかし，ブレヒトは，自分の力を超える物事に挑むにはあまりに謙虚すぎる人です。しかし，能力は実際にあり，それが自分の専門分野に集中しているので，それだけ十分に影響力を持っています。私は彼の能力を，哲学史を徹底的にかつ生き生きと理解し伝える方向に見ております。今の大学では，これまで以上に，このような同僚が必要とされております。

私が確信しているのは，彼の職業が邪魔をしなければ，ブレヒトはもっと大きな価値のある研究を出すことができていただろう，ということです。発表された学問上の業績の質に加えて，教授資格においては，候補者全員が自らの課題を，将来を見据えて克服するための確実な保証を示せるかどうかが，重要なことです。私見によれば，ブレヒトにはこの条件が備わっております。

私はここで引きこもって，研究や教育活動に取り組んでいますが，通過点に過ぎないこれまでの出版物ついて，ある種の重苦しさや無関心さを感じています。こうした出版物が，決して確実とは言えない本当の成長を阻害しなければよいのですが。またハイデルベルクに行く際には，私は哲学的対話のできる機会を喜んで持ちたいと思っております。

あなたの変わらぬ仕事力を心よりお祈りしております。

　　感謝の気持ちを込めて，
　　　　あなたのマルティン・ハイデッガー

注　記

*1 「ヘーゲルとキルケゴールに関する二つの論文集」: Fr. J. Brecht, »Die Hegelforschung im letzten Jahrfünft (Ein Literaturbericht)«. In : »Literarische Berichte aus dem Gebiete der Philosophie«, Heft 24, 1930, S. 5–34.

Fr. J. Brecht, »Die Kierkegaardforschung im letzten Jahrfünft«. In : »Literarische Berichte aus dem Gebiete der Philosophie«, Heft 25, 1931, S. 5–35.

43

リッカートからハイデッガーへ

ハイデルベルク，1933 年 5 月 29 日

総長閣下
アルバート・ルートヴィヒ大学学長である
マルティン・ハイデッガー教授へ

総長閣下

　あなたが貴大学学長として私に送ってくださった親切なお祝いの言葉[*1]に，心から感謝いたします。さらに，ハイデッガー殿，私は 5 月 22 日のあなたの手紙に対しても個人的に感謝したく思います。あなたがハイデルベルクに来れなかったことを非常に残念に思っています。もう一度お会いしたかったのですが，あなたが私の誕生日[*2]にいてくれたら非常に歓迎されたでしょう。公務に追われることが少なくなったら，また近いうちにこちらに来て，我々二人にとって大切なことを静かに語り合うことができることを願っております。

　今日はここまでにしなければなりません。大量に学務をこなしているので，やらねばならないことが山ほどあります。私の誕生日には，片づけねばならないたくさんのことが降りかかってきました。心からのご挨拶を，いつものように私の妻からも。

　　　　　　　　あなたのハインリヒ・リッカート

書　簡

注　記

*1 「あなたが貴大学学長として私に送ってくださった親切なお祝いの言葉」：ハイデッガーは 1933 年 4 月 21 日，大学の学長に選出された。ハイデッガーのリッカート宛書簡は，リッカートの遺稿には残されてはいない。ハイデッガーの就任演説については「ドイツ大学の自己主張」[1]を参照。現在は全集第 16 巻に所収。

*2 「私の誕生日」：リッカートは 1933 年 5 月 25 日に 70 歳になった。

---

1)　（訳注）邦訳は，『30 年代の危機と哲学』（清水多吉・手川誠志郎編訳），平凡社ライブラリー，1999 年に「ドイツ的大学の自己主張」として収録されている。

文書資料

マルティン・ハイデッガー

自然科学的概念形成の諸限界を超えるための試み

1913/14冬学期のリッカートのゼミナール
「歴史哲学のための演習（文化科学の方法論）」における発表

A. 導入

　リッカートの『限界』[1]のような方法的探求に対する諸々の異議は，それがもし積極的な価値を主張したいのであれば，原理的な性質を持たねばならない，つまり，限界一般の可能性と現実存在を問うのでなければならない。

　この限界が存在しないならば，自然科学は，リッカートが規定するものとは異なる別の論理的構造をもたねばならない。そうした異議が目指すのは，リッカートが自然科学的概念形成の本質的な契機を顧慮してないことを示すことである。

　主な対決は，〈分析〉，〈法則の概念〉，〈系列〉という概念に集中する。

　それゆえ，研究発表は次のように分節される。

　Ⅰ．一般化と分析
　Ⅱ．普遍概念と法則概念
　Ⅲ．系列と個体性

---

　1) Heinrich Rickert, *Die Grenzen der naturwissenschaftlichen Begriffsbildung. Eine logische Einleitung in die historischen Wissenschaften. Tübingen* : J. C. B. Mohr (Paul Siebeck), 2. Neu bearbeitete Auflage 1912.

B. テーマ

I. 一般化と分析

フリッシュアイゼン＝ケーラー[2]によれば，リッカートの根本的誤りは，分析の無視である。

ガリレイによる落下法則の発見を例にした分析の概念。

分析と一般化された比較との差異。

しかし，いずれも探**求**の方法である。一般化と分類的概念形成は同じではない。

分析的手法は，自然科学が一般化していることを一層判明に認識させるだけである。II 部を参照せよ。

II. 普遍概念と法則概念

フリッシュアイゼン＝ケーラーによれば，リッカートが自然科学のために確立した普遍性の原理からは，概念内容が自然法則であることは導かれない。

---

2) M. ハイデッガーはここで，フリッシュアイゼン＝ケーラーの，»Die Grenzen der naturwissenschaftlichen Begriffsbildung« ; in : Archiv für systematische Philosophie, Band XII, 1906 und XIII, 1907 und sein Buch »Wissenschaft und Wirklichkeit«, Leipzig : Teubner, 1912, S. 139ff. を参照している。これについてはリッカートの注も参照；»Grenzen«, S. 50. マックス・フリッシュアイゼン＝ケーラー (1873–1923) は，1915 年からハレ大学の教授であり，後にベルリン大学にも務めている。彼は Kant‐Studien の編集委員であり，1913 年に Jahrbücher der Philosophie を創刊した。その第 1 巻と第 2 巻は彼が 1913/14 年に編集している。彼はまたフリードリヒ・ユーバーヴェークの Grundriß der Geschichte der Philosophie : Die Neuzeit bis zum Ende des achtzehnten Jahrhunderts, Berlin, 1914/15, の第 3 巻の編者でもある（主要著作：Moderne Philosophie. Ein Lesebuch zur Einführung in ihre Standpunkte und Probleme 1907; Das Realitätsproblem 1912; Geistige Werte. Ein Vermächtnis deutscher Philosophie 1915）。

リッカートは実際に類的普遍から法則概念への移行を試みている，ということを認めるなら，彼はその移行を「巧妙なやり方〔Kunstgriff〕」によってしか得ていない，ということを認めることになる。決定的なことは逆の問いである，すなわち，我々は，法則概念から普遍へ至ることができるのか，つまり，自然科学の一般化的性格の認識に至ることができるのか，という問いである。実際にできるのだ。分析において仮定を設定する際（上述の例），普遍への跳躍は，普遍化する比較における漸次的な増加と比べて，あまりに急で仲介なしに行われる。「巧妙なやり方」によってのみ得られた，批判される〔類的普遍から法則概念への〕移行は，概念とは凝縮された判断であるいう考えを「重要なもの」として考慮するや，異なった姿を見せる。

　自然な概念形成に関するこれまでのリッカートの見解が正しいにしても，それでも結局のところ，本質的契機は見過ごされており，それこそが『限界』の固定化を不要にしているものなのである。

III. 系列と個体性

　カッシーラーによれば，系列の始まりは[3]，すでに通常の抽象化にある。

　数学における系列（幾何学に基づいたの例）。自然科学において，事物の描写は系列の体系によって行われる。系列の要素は「個体性」である。系列と質との間のアンチノミー。したがって，系列によって個体性を描写することは，原理的にできない。

---

3) Ernst Cassirer, »*Substanzbegriff und Funktionsbegriff. Untersuchungen über die Grundfragen der Erkenntniskritik*«. Berlin : Bruno Cassirer, 1910, S. 292–310.

完璧な批判をするなら、とりわけ、カッシーラーの認識論的な「観点」に焦点を当てる必要がある。その後、示されねばならないことは、この立場のせいでカッシーラーは、そもそも、歴史的なものを学問に固有な仕方で把握することが原理的にできてはいない、ということである。

マルティン・ハイデッガー

問いと判断[1]

リッカートのゼミナール「（ロッツェの論理学）演習」
1915年7月10日の発表報告

　リッカートの『認識の対象』[2]がこれまでに究明，示したものは，現実はメタ論理学的な構造として，認識の対象にはなりえないということであった。認識の対象についての問いが，新たに浮かび上がるのだ。

　我々は，判断することにおいてのみ，認識を「所有する」。したがって，結局，認識の対象が見出されるのは，我々が判断の対象について問う場合，つまり，「我々がそもそも判断する場合に向かっているもの」を際立たせようとする場合である。（『認識の対象』，86頁）[3]。

　この目的のためには，判断そのものを問題にする必要がある。最初から，判断は，それが真であるべきだという観点から考察されている。したがって，真理という目的に鑑みて，判断にどのような構造が備わっているのかを調べねばならない。

　1）（訳注）このテクストは現在，ハイデッガー全集第80巻に収録されている。本書所収のテクストとは，改行や文言に若干の異同があるが，とくに注記はせず，あくまで本書簡集に定位した。ただし，全集版で新たに付された書誌情報関連の注は，これを反映させた。

　2）Heinrich Rickert, *Der Gegenstand der Erkenntnis*. Habilitationsschrift. Freiburg i. Br. : C. A. Wagner, 1892 (91 S.).

　3）ハイデッガーは，1904年，チュービンゲンのモール社から出版されたリッカートの『認識の対象』改定第2版をこの報告で引用している。第2版には，「超越論哲学入門」という副題がついている（S. 244）。

判断の構造は，ある〈問い〉への応答として捉えられた場合に明らかになる。

　これによって私は，『認識の対象』における〈問い〉の位置付けを簡潔に示したと考えている。

　『認識の対象』第2版の出版以降，リッカートが発表した諸々の論文，すなわち，「認識論の二つの道」[4]，「判断と判断すること」[5]，そして「論理的妥当と倫理的妥当」[6]，および前回の授業で示唆されたことが，次の見解を支持するに十分な動機を与えている。すなわちそれは，〈問い〉と判断の探求は，〔『認識の対象』の〕新版においては[7]，事象的にというよりは，むしろ形式的にまったく新たな形態をとっている，というものである。

　無駄な努力を避けるために，以下で私は「問いと判断」という問題を，『認識の対象』を厳密な仕方で引き合いには出さずに扱ってみたいと思う。

　問題をそのすべての分岐点で検討することはまったくできない。むしろ，目下の関心に従って，興味深い問題だけを簡潔に扱うことにしよう。

Ⅰ. 判断がある〈問い〉への応答として理解される場

---

　4) Heinrich Rickert, »Die zwei Wege der Erkenntnistheorie«. In : Kant-studien, Bd.14 (hrsg. von Hans Vaihinger und Bruno Bauch), Berlin 1909, Heft 2, S. 169–228. Jetzt auch in : Heinrich Rickert, *Philosophische Aufsätze* (hrsg. von Rainer A. Bast), Tübingen : J. C. B. Mohr (Paul Siebeck), 1999.

　5) Heinrich Rickert, »Urteil und Urteilen«. In : Logos, Bd.3 1912 (hrsg. von Richard Kroner und Georg Mehlis), Tübingen 1912, S. 230–245.

　6) Heinrich Rickert, »Über logische und ethische Geltung«. In : Kantstudien, Bd.19 (hrsg. von Hans Vaihinger und Bruno Bauch), Berlin 1914, S. 194–221.

　7) 改定，拡張された〔『認識の対象』の〕第3版は1915年にチュービンゲンのモール社から公刊された（S.456）。

合，その判断はどのような意味で考察されるのか，そして，このような見解からどのような要求が生じるのか。

応答は以下のようになされねばならない。すなわち，判断を行為(アクト)と見なし，判断という行為を強調するために判断を〈問い〉に対置する場合，〈問い〉もまた行為として把握されねばならず，この行為の独自性が指摘されねばならない。

Ⅱ. このように設定された問題の取り扱いは，それだけ〔行為に着眼するだけで〕で実行可能だろうか。答えは否である。こうした問題の処理は必然的にそれ以上のことを指し示し，〈問い〉と判断をそれらの内容（意味〔Sinn〕）に関して相互に対照するよう迫るからである。

これら二つの問題（行為の特性と内容の特性）が理論的に厳密に区別されるほど，それだけ，その一方が他方を参照することになるのであって，それに，両者の結合においてのみ，「問いと判断」という問題に満足のゆく解決が期待されるのだ。

〈問い〉の本質について明らかにしようとする際にはほぼ常に，それは判断と関係づけられる。というのも，判断は〈問い〉への応答であるから，あるいは，少なくともそう見なされうるからである。しかし，判断はこうした意味で考察されてはならない。つまり，判断を扱う理論の場合は，〈問い〉という問題を考慮せずに済む，つまり，判断を問題に対する応答機能として考慮せずに済むのである。

これに対して，応答は，〈問い〉への応答と見なすことなしには，応答として概念把握されることがない。応答が〈問い〉を相関項として要求しているように，〈問い〉も応答を相関項として要求している。このことは，どんな〈問い〉にもすでに出来上がった応答が結び付けられねばならないとか，あるいは，応答の設定は実行された〈問い〉の設定に時間的に直接後続しなければならない，というよう

なことを意味しているのではない。そうではなく，相関項ということは次のことを意味している。すなわち，「〈問い〉一般」の理念的本質は，「応答一般」の理念的本質を通してのみ理解されるしかないのであって，かつその逆についても同様のことが言えるのだ。

〈問い〉と応答はこのように，ある統一を成している。つまり，それらはなんらかの観点で共通の契機を持たねばならず，それによって，この関連付け〔問いと応答のつながり〕が可能になる。

〈問い〉と応答は行為であり，それらは行為としては，意識の流れに現れては消え去るだけの，単なる心的現実性以上のものなのである。それは，何かを完遂するものである。これら二つの完遂〔問いと応答が何かを完遂すること〕は，いずれかが優位に立つようなものではない。しかし，このことを明確に理解するためには，ともかく「完遂〔Leistung〕」という表現に込められた危険な曖昧さを避けなければならない。

「完遂」とは，〈働き〔Leistung〕〉の結果として[8]，「成し遂げられたもの〔Geleistete〕」と理解されることがある。

その他にも，「完遂」は，行い，行為，先に挙げた意味での〈働き〉の実現を意味することがある。

〈問い〉と判断は，客観的な意味での完遂として，つまり，これから検討するように，内容によってではなく，主観的な意味での完遂，行為として対等に置かれている。

行為の本質は，その志向性によって理解される必要がある。行為が他の行為とお互いに異なるならば，その違いは，（主観が～へと向けられているという）志向性の違いでのみありうる。

このことはさらに二つの仕方で可能である。つまり，

───────
8)〔ハイデッガー自身による欄外注〕定義判断！

〔一つ目として〕〈向けられているということ〉そのことは同じであるが、しかし、異なるものへと向かっており、同じ意味で志向されるものが場合によっては変化する。あるいは、〔二つ目として〕〈向けられているということ〉そのものが異なり、ある特定の質を有する。

　行為そのものをその違いにおいて研究すべきならば、志向の質に眼を向ける必要がある。私がある〈問い〉への応答として判断を捉え、この路線でその本質を明らかにしようとするならば、判断は行為として、〈問い〉という行為に対置されねばならない。

　問題の明確な解決を図るためには、問う行為と問いの内容、判断行為と判断の内容との混同を避け、また、判断を行為として、〈問い〉を内容に関係づけることを避ける必要がある。これ〔行為と内容の混同や誤った関係づけ〕は、判断に対する〈問い〉の表象関係には決断という契機が欠けているだけである、と述べることで避けられる（96頁）[9]。

　しかし、〈問い〉と判断という両者の行為がもつ独自の志向性に関して明確に理解しようとすると、これらの内容を参照するよう、つまり、そうしたもの〔〈問い〉と判断〕が向けられているもの〔〈問い〉と判断の内容〕を参照するよう指示されていることがわかる。行為の完遂意味は超越的内容からのみ解釈されねばならない、というリッカートの主張は正しいのである[10]。

　結論ではじめて明らかになる根拠から、判断の内容を手掛かりに、さらなる探求を開始することは目的にかなって

　9）（訳注）全集版では "S. 95" となっている。Heinrich Rickert, *Der Gegenstand der Erkenntnis*, 2. Aufl. の頁数を指す。（全集版の注を参照）

　10）（訳注）Heinrich Rickert, Urteil und Urteilen. In: Logos 3 (1912), S. 241.（全集版の注を参照）

おり，大いなる確実性を約束してくれる。それでも，判断内容の構造に関する理論の多様性を思えば――認識論の分岐点は，個々の理論がそうした構造の規定に関して異なってくることにあるのだが――，そのような非常に問題含みのもの〔様々に論じられている判断論〕から出発することは得策ではないように思われる。

しかし，我々の探求の目的にとって，（超越的意味の）判断内容の構造は，さしあたりまったく問題とはならない。重要なことはただ，内容の現実性様式を明らかにし，その内容が時間的に現実存在するのではなく，無時間的に妥当するということを洞察することである。内容は，心的経過という動的な装置に対して，静態的な契機なのである。内容は妥当するのであって，自らに中心をもつ不感性的現実性を持つのである。そのため，心理学的な迷信に対して卓越して有意義なものが確認されるのだが，それは判断構造の教説，真理の問題，および妥当する意味への関係に関しては，まだまったくもって一般的な確認に留まる。

しかし，そうした確認は，我々の探求をさらに導くには十分である。なぜなら，問題はこういうことだからである。すなわち，この妥当する判断内容は，その内容へと向けられた諸行為の完遂意味にどのような性格を付与するのか，また，この内容はこの志向性にどのような性質を与えるのか，ということである。それは〈決断すること〉，〈定立すること〉という性質である。判断行為の完遂意味とは，達成されたもの，成し遂げられたもの，最終的なものである。主観はこれらにおいて，そしてこれらによって，あらゆる意味的な緊張状態から解放されるのである[11]。こ

---

11) 〔ハイデッガー自身による欄外注〕諸々の〔判断〕行為の述定的な諸規定に関して一般的なことを確立する必要はあるのか。〔これは〕他の対象領域から借用された比喩的な表現に縛られている。

うした行為において主観が手にするこの安定性，決定的特徴が可能となるのは，それら行為が基づいている内容自体が拠り所を持っている場合，つまり，その内容が妥当する場合だけである。

　肯定と否定は，いずれも定立という同一の契機をもっている（否定は，けっして定立しないこと，なのではない）。〔肯定するか，否定するかについての〕決断に関して両者の形式を区別するものは，いずれにも同一の指向性〔Gerichtetheit：差し向けられていること〕がある，ということではなく，肯定的または否定的でありうる判断内容なのである。したがって，肯定と否定によって，「表象連関が，真または非真である述語が適用される何かにされるのではなく」[12]，肯定や否定によって捉えられる判断内容が妥当するものとして，あるいは妥当しないものとして意識される場合に，肯定と否定は初めて意味を持って遂行されるのである。

　なるほど，リッカートのつぎの文言は正当である（101頁）[13]。「したがって，肯定または否定することなしに，論理的に完全な判断を下すことは不可能である，と我々は主張してもよいだろう」。というのも，判断を下すことには，決断という行為が必然的に備わっているからであり，判断を下すことは，まさにこの行為〔＝決断という行為〕に存しているからである。肯定と否定は，主観が認識を獲得し所有するための手段なのである。

　今度は〈問い〉に対しても同じアプローチを試み，問う行為の完遂意味を，〈問い〉の内容から解釈してみよう。さて，それでは，〈問い〉においても判断と同様に，「主観

---

12)　（訳注）Heinrich Rickert, *Der Gegenstand der Erkenntnis*, 2. Aufl., S. 101.（全集版の注を参照）

13)　（訳注）Heinrich Rickert, *Der Gegenstand der Erkenntnis*, 2. Aufl.（全集版の注を参照）

の振舞いが，価値の妥当に鑑みて，客観的な善に依存することは確認されるのだろうか」（リッカート，「論理的妥当と倫理的妥当について」，186頁）[14]。

間違いなく，問う行為は〈問い〉の内容に関係している。〈問い〉においてはつねに何・か・が問われているからである。

しかし，この〈問い〉の内容が妥当したりしなかったりするのではなく，まさに〈問い〉の内容に関して，その内容が妥・当・し・て・い・る・の・か・，し・て・い・な・い・の・か・ということが問・わ・れ・て・い・る・のである。しかし，〈問い〉の内容は，その内容に向けられた問う行為〔をする主観〕の念頭に，ある種の仕方で存立するものとして，〔すでに〕浮かび上がっているのではないか。では，〈問い〉の内容は，そうした特殊なあり方をした存立するものとして，行為から独立して，客観的に捉え特徴づけることができるのだろうか。

行為から解き放たれた〈問い〉の内容について考えてみると，私はその内容を判断の一部に取り込んでおり，〈問い〉の内容は判断内容の構成要素となっている。その結果，問う行為への関係をまさに失ってしまう。

さらに，である。〈問い〉の内容は，判断内容と類似するような仕方で存立しているのだろうか。諸々の〈問い〉は，誰かが問わなくても存立するのだろうか。判断の場合は，それが下されることがなくとも，真であり妥当するのだが〔〈問い〉の場合も同様なのであろうか〕。

フェルマーの定理[15]：「二つのn乗数の和は，n ≠ 2の場

---

14) （訳注）In: Kant-Studien 19 (1914).（全集版の注を参照）
15) フランスの数学者，ピエール・ド・フェルマー（1601–1665）のフェルマー予想によると，公式 $x^n + y^n = z^n$ において，冪指数n（nは2より大）に対して数x, y, zは存在しないというものである。フェルマーはディオファントスの『算術』の余白に手書きで，驚くべき証明を発見したが，その内容を記すには余白が狭すぎる

合，nの冪乗で表せることができるか」は，実際にその〈問い〉が立てられることがなくても，存立している。しかし，その定理が解かれてしまえば，それはもう存立してはいない。〈問い〉の内容はある種の客観的存立を有していながら，同時に有していないとでも言うのだろうか。こうした矛盾からどのように抜け出せるのだろうか。言い換えれば，どのようなものとして〈問い〉の内容は特徴づけられるのだろうか。

こうした〈問い〉を立てることで，〈問い〉の内容は行為から切り離されたものとしては問題含みであることが明らかになり，さらに，問う行為は内容から解釈されるべきではなく，我々は〈問い〉に際してはまさに逆のアプローチをとらねばならないということ，つまり，問う行為に基づいて初めて〈問い〉の内容を規定しなければならない，こう推測しても構わないであろう。

実際，事情はその通りである。こうした状況は独自の事態をも明らかにしてくれる。それは，〔行為から〕切り離された〈問い〉の内容について熟考しようとするなら，誰にでも不快につきまとってくる独自の事態であって，すなわち，〈問い〉の内容にとって本質的なもの，つまり，問われるというある特定の色合いが，常に理論的省察の中では取り逃がされてしまう，というものである。

このことが示唆しているのは，前述したように，〈問い〉の内容は特定の問う行為に結び付いているのだが，それは判断内容が判断行為に結び付いているよりも，より密接なのである。

と書き記していた。その証明は発見されていない。その予想はこれまで証明も反証もなされてはいないが，最近になってはじめて，複雑なコンピュータによる計算によって見出された解法が知られるようになった〔1995 年，アンドリュー・ワイルズによって完全な証明がなされている〕。

さてしかし、問う行為がもつ完遂意味の独自性とは何であるのか。この志向の性質はどのように規定されるのか。この性質は単純なものなのか、あるいはより多くの意味契機から出来上がっているのか、その構成のされ方はどのような仕方であるのか。

確実なのは、この〈問うこと〔Fragen〕〉は単なる表象することではないのであって、対象を単純に思念することではない、ということである。確かに、私は〈問うこと〉においてつねに何かを思念している。しかし、それはあらゆる志向の普遍的本質であり、したがって、〈問い〉にも属しているものである。

しかし、〈問うこと〉はそれ以上のなにかである。〈問うこと〉はまだ決断というほどのものではない。それでは、単なる想定することである、とでも言うのだろうか。そうではない。〈問うこと〉は、一方で想定すること〔Annehmen〕以上のものであり、他方ではそれ以下のものである。想定〔Annahme〕においてはすでに、なんらかの仕方で、ある内容に対する立場が示されており、想定は決断とともにある一定の最終決定という性格を持つ、つまり、当座のものに過ぎないとしても、ある一定の完了なのである。他方で、〈問うこと〉はまさに何かを開いたままにする。したがって、〈問うこと〉は、まだ決断にまで進んでいるわけではないが、決断への傾向を示している。これによって、問う行為がもつ完遂意味には、判断行為を指示する意味契機が潜んでいる、ということが示されている。よって、〈問い〉の内容を性格づける際には、〈問い〉の内容もなんらかの仕方で判断内容へ向けて整序される必要がある、ということである。我々はこの問題をさしあたりこれ以上追求せず、完遂意味の特徴をさらに検討したいと思う。

私は〈問う〉という仕方で何かを思念しており、この思

念することはある一定の関心によって彩られている。〈問い〉においては，何かが望まれている。したがって〈問い〉はひとえに意志行為である。だが，これは事態に適中しているのか。ある意志行為において，私はとにかく何かを思念しており，さらにまた，ある一定の意味で何かを思念している。つまり，何かを行う，実践するという意味においてそうしている。この意味契機は〈問うこと〉に潜んでいるのか。確実にそうではない。〈問うこと〉はどんな場合でも意志の行動，つまり，実践的な行いである。しかし，それは，結局，どんな行為も主観の行いとしてあるということだ。

　問う行為は，〈問うこと〉が意志行為の可能的な企図でありうる限りで，意志行為に関係する。〈問うこと〉を欲するという主観の態度は，〈問うこと〉そのものの態度ではない。〈問うこと〉を「知ることを欲すること〔Wissenwollen〕」と特徴づけることは，適当ではない。しかし，おそらく，この〈欲すること〔Wollen〕〉という表現で，ひとは〈望むこと〔Wünschen〕〉によって表現されるものを考える。実際，私は〈問い〉において何かを，つまり，応答を望んでいる。したがって，〈問い〉は望む行為〔Wunschakt〕であろうし，しかも，その願望の客観は完全に特定のもの，つまり，判断なのである。しかし，私は判断を，〈問うこと〉なしに，問う態度を取らずに，望むことができる。この〈問うこと〉は，したがって，応答を単に〈望むこと〉なのではなく，それ以上の何かなのである。

　〈問うこと〉は何かを準備し，判断内容になる可能性を持つ内容を生み出す。こうした内容を産出するなかで，〈問うこと〉は，この内容を今述べた可能性〔判断内容になる可能性〕を持つものとして，ただ単に思念しているのではなく，さらに，思念された可能性を決断するにして

も、その内容を、〈望むこと〉という意味的な色付けにおいて単に思念しているのでもない。そうではなく、〈問うこと〉は意図の内容を思念しているのであって、その内容の中で、言及された意味契機は独自の仕方で絡み合い、たとえば、ある一定の「音色」を、つまり、我々がまさに〈問うこと〉と名付ける独自の意図を、生み出すのである。

問う行為の完遂意味をそれが生じた仕方で記述することで、私は完全に曖昧さのない行為意味をぜひとも分析しなければならないのだが、この分析〔＝この発表〕においては、一つの意味契機しか指摘することができない。したがって、〈問うこと〉が何であるのかを一言で述べることは決してできない。たとえ今述べた意味契機をいわば一挙に指摘することができても、それらの契機に固有の錯綜したあり様を述べることなど、なおさらうまくいかないであろう。〈問うこと〉が何であるかは、完全な仕方で体験されうる。したがって、完全に有効かつ適切な教科書的定義がつねに失敗に終わらざるをえないにしても、特定された契機は、〈問い〉についてさらに理解するためには重要なはずである。

可能な判断意味を準備することが示しているのは、私はこれを〈問い〉の創造的契機と名付けたいのだが、〈問い〉はその独自の本質に従って主観の内に根を下ろしている、ということである。〈問い〉における内容と行為の関係は、まさに、判断におけるのとは逆なのである。

判断においては、妥当するものとしての内容が第一次的である。そのようなものとして、内容には、主観の側では決断という行為が対応し得る——必ずしも対応しなければならないというわけではないが——。逆に〈問い〉においては、行為が第一次的なのであり、行為に基づいてはじめて、内容はその存立と構造において条件付けられる。〈問い〉は行為として内容から解釈されるのではなく、その逆

である。すなわち，内容は行為意味からのみ理解されるのである。〈問い〉はいわば，主観性によって引き起こされた反省的なものである。可能な判断意味を準備することとして，〈問い〉はその内容にある一定の構造をすでに与えていなければならず，その構造は内容の形式において，判断の形式に定位しているのだ。

しかし，より広い意味で言えば，〈問い〉はいわば判断から離れている。〈問い〉はたしかに，真〔wahr〕や非真〔unwahr〕であることはない。しかし，正当〔richtig〕であったり不当〔unrichtig〕であったりする。「二次元曲線は何グラムですか」という〈問い〉を，私は不当であると特徴づけねばならないであろうし，そうすることができるのは，数学的対象は不感性的であって，物質的ではないし，計量可能なものでもないという，妥当な判断に即していることが根拠になっているからである。——16)

〈問い〉の行為意味における願望契機には，〈問い〉が不完全なものであり，自己を超え出て指示するものである，ということが必然的にともなっている。つまり，〈問い〉はそれ自身のうちにいかなる固有な支えももたないので，〈問い〉が「宙ぶらりんだ〔＝未解決だ〕」17)と言うのも故無くはないのである。〈問い〉とは目的論的なものなのである。

決断という判断行為は，主観にある種の完了を与えるのであり，超越的に妥当する判断意味に生きることによっ

---

16)〔ハイデッガー自身による欄外注〕正当である：いかなる定立的契機もない。代替案：ある人が問いについて考えていること（それは正当でも不当でもありうる）。これ以上はない。

17)（訳注）原文は，eine Frage »schwebt« である。動詞 schweben は自動詞として，「漂い動く，浮かぶ」という意味があり，比喩的に「宙ぶらりんである，決着がついていない」というように用いられる。『独和大辞典』（小学館）には，schwebende Frage は「未解決の問題」という用例がある。

て，主観を落ち着かせるのであり，主観をいわば上へと「引き上げる」[18]のである。

それに対し，〈問うこと〉によって主観はある種の緊張状態を生きるのだが，応答の中に，完成，安らぎを求めるのである。

これまで述べたことは，〈問い〉に関するさらなる研究から抜粋されている。おそらく，対象[19]との関係で，ある種の興味を引くいくつかの観点が取り出されたに過ぎない。

〔今回の発表では〕多くの重要な問題にはまったく触れられてはいない。例えば，〈問い〉と疑問，〈問い〉と蓋然性，〈問い〉と明証性，〈問い〉の構造問題（主語，述語，コプラ），〈問い〉における肯定と否定，などである。また個々の〈問い〉の形式，すなわち，決定疑問[20]や補足疑問[21]にも触れられてはない。

これらについては別の機会に詳しく論じたいと思う。

---

18) （訳注）原文では »heben« auf, というように，heben のみがギュメに入れられている。この aufheben は，ヘーゲルのイメージというよりも，「超越的に妥当する判断意味」の「超越的」に，「上方」のイメージを読み取って，訳では「上へと引き上げる」とした。

19) （訳注）おそらくこの「対象（Gegenstand）」は，リッカートの著作『認識の対象』のことを指すと考えられる。

20) （訳注）ja, nein で応答される疑問文。

21) （訳注）wer, was wann などの疑問詞を用いた疑問文。

マルティン・ハイデッガー

学位申請書

1913 年 6 月 30 日

フライブルク・イム・ブライスガウ　1913 年 6 月 30 日

フライブルクの
アルバート・ルートヴィッヒ大学哲学部御中

数学候補者[1]
マルティン・ハイデッガーによる
博士学位に関する申請書

　従順なる署名者は，同封の研究と要請された書類に基づき，哲学部に博士号の学位を申請いたします。従順なる署名者は，主専攻（哲学）においてシュナイダー教授に，副専攻（数学）においてはヘフター教授に，中世史においては，宮廷顧問官であるフィンケ教授による試験を希望いたします。

　1）（訳注）以下の履歴書にもあるように，ハイデッガーは当初在籍していた神学部から，1911 年の冬学期に自然科学−数学学部（理学部）に転部しているため，「数学候補者〔cand. math. candidata mathematicarum の略）〕」という呼称が用いられたと推測される。「数学候補者」と訳したが，内容的には，「自然科学−数学学部（理学部）に所属している学生」くらいの意味であろう。ただ，学位の申請先を見て分かるように，博士号は哲学部で取得されている。

敬具

哲学部に従順なる
マルティン・ハイデッガー，数学候補者

マルティン・ハイデッガー

履歴書と宣誓書

（1913年6月30日の学位申請書に関する）

履歴書

　私，マルティン・ハイデッガーは，（バーデンの）メスキルヒに1889年9月26日，教会世話係であり樽職人のフリードリヒ・ハイデッガーと，ケンプフ家に生まれたヨハンナの息子として生まれる。両親ともバーデン州の市民権を持ち，カトリック信徒である。1895年から1903年まで私は故郷の小学校に通い，1903年秋にコンスタンツのギムナジウム第4学年に入学した。1906年から，つまり，ギムナジウムの第7学年から，ブライスガウのフライブルクのベルトホルトギムナジウムに通い，そのまま1909年夏に高校卒業資格試験に合格した。その年の秋に，私は神学部の学生としてフライブルク大学に入学した。1911年の冬学期，私は学部を変え，自然科学－数学学部に転部した。私は，数学，物理学，化学，植物学の講義を聴講した。大学生のすべての時期を通じて，私は哲学の講義も聴講した。

　［日付と署名なし］

宣誓書

　署名者はここに、哲学部に提出された論文を自分で書いたことを、この宣誓をもって誓います。
　ブライスガウのフライブルク、1913年6月30日
　マルティン・ハイデッガー、数学候補者

[アルトゥール・カール・アウグスト・シュナイダー

「ハイデッガー氏の学位論文に関する所見」

1913 年 7 月 10 日]

　この論文は，第一部の歴史的−批判的章において，現在の論理的な判断理論における心理主義の影響の大きさを示している。そうした心理主義は，意図的な場合もあるが，多くの場合は意図せずに，あらゆる克服の努力があるにもかかわらず，今もなお影響を及ぼしている。それに対する特徴的な証拠として，リップス，マイアー，ヴントの理論が引き合いに出され，そこに見られる心理学的特徴がより詳細に分析されており，内在的で超越的［transcenter 原文のまま］な批判を通じて，価値のある解釈がなされている。その結論は否定的なものである。論理的判断の本質は，述べられたような心理主義的な把握によっては，いかなる仕方においても捉えられない，ということが示される。第二部の積極的な章では，論理学の判断はまずもって意味である，という著者独自の理論に関する基本的概要を含んでいる。

　著者が扱う問題全体は困難なものであり，平凡な主題ではない。〔こうした問題を扱うためには〕最近の論理学に関する包括的な知見と，ある程度の洞察力のほかに，とりわけ，哲学的な判断力のある程度の習熟が前提となる。論理的な論述をもってすでに学術雑誌に採用されている著者は，その点で，〔先述の前提にかなう〕特性を示している。私が彼の論述の積極的な部分に関して，すべての点で納得しているわけではないとしても，そこでも哲学的に興味深

く有意義な考え方が扱われている。この研究は全体として，特筆すべき業績と見なされねばならない。

　よって，私は著者に学部の口頭試問を課すよう提案したいと思う。

　1913 年 7 月 10 日　シュナイダー

マルティン・ハイデッガー

教授資格志願者

1915 年 7 月 2 日

フライブルク・イム・ブライスガウ　1915 年 7 月 2 日

偉大なるフライブルク大学哲学部

哲学博士号志願者
メスキルヒ（バーデン）出身の
マルティン・ハイデッガー

教授資格に関して

　従順なる署名者はフライブルク大学哲学部に論文「ドゥンス・スコトゥスのカテゴリー論と意義論」を提出いたします。
　この論文が学問的に十分な資格を満たすものであるとすれば、従順なる署名者は、この者に哲学の教授資格を与えるよう哲学部に要請いたします。
　教授資格に課せられている試験講義の主題として、以下の三つを哲学部に提出いたします。
 1. 歴史における時間概念
 2. 〈問い〉に関する論理的問題
 3. 数の概念

敬具
哲学部御中

　　　　　　　　　　マルティン・ハイデッガー

ハインリヒ・リッカート

ハイデッガー博士の教授資格論文に関する所見

1915 年 7 月 19 日

　この論文は，比較的多数の文献が残されてはいるが，その割にあまり知られていない著名なスコラ学者を扱っている。この論文で主題となっているドゥンス・スコトゥスの「言語論」は，たしかに，すでに K. ヴェルナーによって研究がなされてはいるが，これまでの研究に欠けていたのは，この思想〔スコトゥスの言語論〕をより大きな論理学的連関の中へと位置付け，これを真に哲学的に評価することである。したがって，ドゥンス・スコトゥスの「意義論」を優れた論考の対象にし，この思索者のカテゴリー論を理解するための体系的な基礎を先んじて示していることは，ハイデッガー博士の恵まれた思想とみなされねばならない。「意義」の概念には，さしあたり，思考可能なもの全体の中に論理的な場所が指定され，それとともに「思弁文法」と論理学の根本問題との関係が明らかにされている。

　しかしながら，この主題の歴史的な取り扱いについては，十分なされてはいない。それは大きな困難と結び付いてもいて，著者の力量をたしかに超えるものであろう。それはとりわけプロティノスの影響に起因するであろうし，プロティノスはアリストテレス主義をつねに超えようとしているのだが，プラントルは彼の重要な著作においてプロティノスをほとんど評価していない。ハイデッガー博士が試みた問題史的序論は的を射ていないので，完全に省略せ

ねばならない。こうした研究と，中世における文法の本質と役割に関する見解を歴史的に展開することを企図した論述との結び付きは，完全に断念すべきである。ハイデッガー博士は，純粋に体系的な仕方で現代的な問題設定に取り組んでいるので，彼の研究が攻撃されないままでいられるのは，ドゥンス・スコトゥスを歴史的に位置づけることを明らかに断念する場合のみである。著者は重要なスコラ哲学者のいくつかの著作を研究しているが，ドゥンス・スコトゥスが他の者〔スコラ哲学者〕から享受したもの，そして，彼に独自の見解については問題としてはいない。著者は，ドゥンス・スコトゥスがどれほど現代の論理学者の思索に接近しているのかを示そうと試みているのである。この試みは非常に価値があり，いくつかの実に興味深い結論に至っている。とくに，「unum」と「verum」，つまり，よく知られた中世の四つの「超範疇」[1]のうちの二つに関する議論は，ドゥンス・スコトゥスが現代の論理学的な関心の核心に位置する問題を見て取っていたことを明確に示しており，この議論は多くの人を驚かせるであろう。これによって，ハイデッガー博士は，単語と意義，ないし言語と論理的「意味」との関係の問題に着手し，〔ドゥンス・スコトゥスの論考である〕『意義の様態について，あるいは思弁的文法学』が理論哲学に対して何を言おうとしているのかを理解するための土台を得ている。ここではより詳細に立ち入ることはないが，この著作の個々の叙述においても，ハイデッガー博士は現代の著者，とりわけ，ラスク

---

1) （訳注）ハイデッガーはこの教授資格論文で，ens, unum, verum という三つの超範疇を分析し，諸々の現実性を差異化することを試みている。ens は超範疇のなかで最も基本的なもので，他の超範疇の基礎になる。リッカートが「四つの超範疇のうちの二つの議論」と書いているのは，おそらく，ens を除いた unum, verum, bonum, aliquid を指していると思われる。

の重要な「メタ文法的主語–述語理論」[2]との関係を見出し，自身の哲学的な方向性のみならず，その術語の使い方についても，ラスクの著作に多くを負っており，おそらく彼が自覚している以上の影響を受けている。

　中世哲学の領域に関しては，私を含め多くの同僚が独立した研究をしていないので，この論文について同僚のクレープスの判断を仰ぐのが望ましいと考えた。それ〔彼の見解〕は基本的に私の意見と一致している。クレープスによると，この研究は，あらゆる歴史的な位置づけを問題としてはいないが，中世における論理的思考の実際の到達点に関する我々の歴史的な知識を豊かにし，中世の精神的な活動に新たな見方と評価を提供している，としている。この論文が基本にしている文献は，パリ版である。このパリ版にはまだ改善の余地が多くあるが，クレープスの意見によれば，問題となるテクストの欠損は些細なものなので，その論文全体〔ハイデッガーの教授資格論文〕はパリ版で十分に打ち立てることができる，とのことである。〔ハイデッガーによる〕独自の校訂は，明らかに破損した箇所が意味をもつように行われ，斜字体で示されている。注にはパリ版の読解法が示されているので，この点からしても，この論文は，印刷されても，学問的要求を満たすであろう。

　すべてを顧慮して，この論文は，たしかに，中世の論理学の歴史に関する研究になっているわけではないが，そのための価値のある予備研究になっている。中世の論理学の「精神」を実際に貫くような歴史的叙述そのものがなされる前に，こうした多くの予備研究が要請されるだろう。我々はこうした研究を実に僅かしか手にしてはいないが，

---

2)　（訳注）ラスクの 1912 年の著作『判断論』において，「メタ文法的主語–述語理論」は第 1 章第 2 節のタイトルになっている。

著者はここで大きな功績を手にすることができる。彼は学問的な発展の端緒に立ったばかりであるが，すでに過去数世紀の非常に難しい思想を理解することができ，また，過去と現在との関係を見て取るに，十分な現代哲学の教養も持っている。彼は数学の訓練も積んでおり，抽象的思考に対する際立った才能を有しているので，彼の勤勉さと徹底性を考慮すると，今後の学問的研究に期待できる。それゆえ，私は彼の教授資格の認可を推奨する。

　　フライブルク・イム・ブライスガウ　1915年7月19日
　　　　　　　　　　　　　　　　　リッカート

編者あとがき

　ここにはじめて公刊されるマルティン・ハイデッガーとハインリヒ・リッカートとの往復書簡は，43通のやり取りから成っている。存在が確認されているリッカートからハイデッガーへの1通の手紙，およびハイデッガーからリッカートへの2通の手紙は失われたと見なさざるをえない。最初の手紙は1912年12月13日付で，ハイデッガーは，リッカートのゼミナールを欠席したことを詫びている。最後の手紙は1933年5月29日付で，フライブルク大学の新たな総長へのリッカートの祝辞であった。こうしたことから分かるのは，この往復書簡がマルティン・ハイデッガーの人生の歩みと，思索の道の非常に重要な局面を含んでいるということである。この書簡集は，ハイデッガーの伝記の空白部分を補い，一方では彼のカトリック教会との関係，フライブルク大学との関係，そして20世紀初頭の哲学との関係に新たな光を投げかけ，他方では，リッカート，フィンケ，クレープス，フッサール，ラスク，そしてヤスパースとの関係をも照明している。とりわけ注目に値するのは，若き学生〔たるハイデッガー〕と崇敬すべき枢密顧問官〔たるリッカート〕との親密さである。

　本書は，書簡のほかに8つの資料も含んでいる。最初のテクストはリッカートの遺稿に保管されていたもので，1913/14年冬学期に行われたハイデッガーの研究発表であ

り，これは自然科学的概念形成の限界を止揚しようと試みたものである。2つ目の資料は，1915年7月10日に行われたハイデッガーの講演「問いと判断」であり，これは後に全集第80巻に収められた。4つの小さな資料は，ハイデッガーの学位取得手続，および教授資格手続きに関するものである。Freiburg i. Br. あるいは B. という異なる表記は私がこれを統一した。7つ目と8つ目のテクストとして，ハイデッガーの学位論文「心理主義における判断論」に関するアルトゥール・シュナイダーの論評，およびハイデッガーの教授資格論文「ドゥンス・スコトゥスのカテゴリー論と意義論」に関するリッカートの論評が，〔当時の〕報告そのままに再録されている。ハイデッガーとリッカートの関係の全容を把握するために，私は付録に1912年から1916年までのリッカートのゼミナールと講義のリストを挙げておいた。このリストは講義一覧をもとに作成したものである。

　編集にあたって，31通のハイデッガーの手書きの書簡と，リッカートのものでは2通の手書きの書簡および10通のタイプ打ち書簡を使用した。リッカートのゼミナールにおける研究発表には，ハイデッガーの手書き原稿のコピーを用いることができた。講演「問いと判断」は，手書き原稿のコピーのほかに，ハルトムート・ティーティエンの写しを利用した。

　編集の基本方針に関しては，お手本として，とりわけ，アレント＝ハイデッガー，ハイデッガー＝ヤスパースそれぞれの書簡集を参考にした。書簡と記録は縮約や省略なしに再録されている。省略のある場合は，適宜全文を表記し，新しい正書法は顧慮せずにおいた。明白な誤字はとくに注記なしに訂正した。ハイデッガー独自の綴り方は，ほとんど残さなかった。「そして〔und〕」という単語は一貫して書き出されていた。書簡の相手によって下線が引かれ

たり，強調されていた文言は，斜体で表した。ゼミナールでの発表や講演における書誌情報は，補って完全なものにした。それらは当該箇所に数字をつけて分かるようにし，脚注に表した。講演「問いと判断」のテクストにおけるハイデッガー手書きの欄外注は，当該箇所にアルファベットの小文字をつけて分かるようにし，脚注に表した[1]。

付録では，それぞれの書簡番号の下に，さしあたり〔書簡に〕残された文書の情報を記載し，次に，文脈に関係のある情報——多くは人物について——を提供し，また，書簡で挙げられた文献の書誌情報を完備した。往復書簡で言及されたハイデッガーとリッカートの著作は，本書の最後の著作一覧で年代順にまとめた。読者はこれにより，言及されたすべての著作についての詳細な情報を手にすることができる。

謝　辞

ヘルマン・ハイデッガー博士に，私は感謝を申し上げたい。彼は，マルティン・ハイデッガーとハインリヒ・リッカートの往復書簡の編集を私に任せ，彼の父の手書き原本の転写に際して，また，内容に関わる詳細についても，私を助けてくれた。私が貴宅で受けた好意に満ちたおもてなしに対して，彼の奥様と彼に御礼を申し上げる。ハイデルベルク大学図書館の手稿部門の主任であるミヒァエル・シュタンスケ氏にも感謝を申し上げる。彼は私がリッカートの遺稿を扱うことに協力してくれた。ドイツ文学文書館での親切な援助と協力に際しては，ウルリッヒ・フォ

---

[1] （訳注）本書ではアルファベットで表さず，「ハイデッガー自身による欄外注」と但し書きを入れて示した。

ン・ビューロー博士，ウーテ・ドスター氏，インゲ・シンマー氏に感謝を申し上げる。実り多き協力に対して，フライブルク大学資料館のアレクサンダー・ツァホランスキー氏に感謝を申し上げる。ハルトムート・ティーティエン博士にも心からの感謝を申し上げる。彼は，彼が所有している「問いと判断」のコピーの使用を許可してくれた。マックス・エッティンガーの情報を提供してくれた，ミュンスター大学の大学資料館主任のローベルト・ギースラー氏に感謝を申し上げる。シュトック博士とアンネッテ・ミュールベルガー氏には，カール・マルベの業績に関する情報に対して感謝を申し上げる。メスキルヒのハイデッガー資料館の主任であるアルニム・ハイム博士，ホルガー・ツァボロウスキー氏，テオドル・キシール博士には，付録作成に際してお世話になった，感謝を申し上げたい。ヘルマン・ハイデッガー博士，フリードリヒ・ヴィルヘルム・フォン・ヘルマン博士，ペーター・フォン・リュクテシュネル博士，ハルトムート・ティーティエン博士には，校正作業に関わっていただき，その綿密な作業に心から感謝を申し上げたい。最後に，私の両親，兄弟，そしてイゴールには，その信頼に満ちた援助に感謝したい。

書簡で言及された著作

略記号／省略引用文献

HGA = Martin Heidegger, *Gesamtausgabe: Ausgabe letzter Hand*, im Verlag Vittorio Klostermann

H.R. = Heinrich Rickert (geboren 25. Mai 1863, gestorben 25. Juli 1956)

M.H. = Martin Heidegger (geboren 26. September 1889, gestorben 26. Mai 1976)

NLHeidegger = Nachlaß Heidegger im Deutschen Literaturarchiv Marbach

NLRickert = Nachlaß Rickert in der Universitätsbibliothek Heidelberg

UAF = Universitätsarchiv Freiburg

・*Arendt / Heidegger Briefe*

Hannah Arendt und Martin Heidegger, *Briefe 1925 bis 1975 und andere Zeugnisse*, aus den Nachlässen herausgegeben von Ursula Ludz, Frankfurt am Main: Klostermann, 1998.〔ウルズラ・ルッツ編『アーレント＝ハイデガー往復書簡』［新装版］，大島かおり・木田元訳，みすず書房，2018 年〕

・*Heidegger / Blochmann Briefwechsel*

Martin Heidegger und Elisabeth Blochmann, *Briefwechsel 1918–1969*, herausgegeben von Joachim W. Storck (Marbacher Schriften), 2., durchgesehene Auflage, Marbach am Neckar, 1 990.

・*Heidegger / Jaspers Briefwechsel*
Martin Heidegger und Karl Jaspers, *Brieftechsel 1920–1963*, herausgegeben von Walter Biemel und Hans Saner, Frankfurt am Main: Klostermann, und München-Zürich: Piper, 1990; dasselbe (als Paperback) in der Serie Piper (Band 1260), 1992.〔W. ビーメル・H. ザーナー編『ハイデッガー＝ヤスパース往復書簡』渡邊二郎訳，名古屋大学出版会，1994年〕

・*Husserl Briefwechsel*, Bd. IV: *Die Freiburger Schüler*
Edmund Husserl, *Husserliana Dokumente* Band III: *Briefwechsel*, Teil IV: *Die Freiburger Schüler*, herausgegeben von Karl Schuhmann in Verbindung mit Elisabeth Schuhmann, Dordrecht-Boston-London: Kluwer Academic Publishers, 1994.

・*Husserl Briefwechsel*, Bd. V: *Die Neukantianer*
Edmund Husserl, *Husserliana Dokumente* Band III: *Briefwechsel*, Teil V: *Die Neukantianer*, herausgegeben von Karl Schuhmann in Verbindung mit Elisabeth Schuhmann, Dordrecht-Boston„London: Kluwer Academic Publishers, 1994.

・*Husserl- Chronik*
Karl Schuhmann, *Husserl-Chronik: Denk-und Lebensweg Edmund Husserls*, Den Haag: Martinus Nijhoff, 1977.

マルティン・ハイデッガー[1]

・*Das Realitätproblem in der modernen Philosophie*〔「現代論理学における実在性の問題」，ハイデッガー全集第1巻『初期論文集』所収〕
(Aufsatz in :»Philosophisches Jahrbuch der Görresgesellschafte« Jahrgang 25, 1912). Jetzt in : HGA, Bd. 1,

---

1) （訳注）邦訳の『ハイデッガー全集』については，旧版元は創文社（閉業）であるが，現在，東京大学出版からオンデマンド出版されているため，刊行年は省略しタイトルと所収巻のみを記す。

》*Frühe Schriften*《 (1978). Hrsg. von Friedrich- Wilhelm von Hermann.
· *Neuere Forschungen über Logik*〔「論理学に関する最近の諸研究」,ハイデッガー全集第 1 巻『初期論文集』所収〕
(Aufsatz in :》Literarische Rundschau für das katholische Deutschland《, Jahrgang 38, Nr.10, 1912). Jetzt in : HGA, Bd. 1,》*Frühe Schriften*《(1978).
· *Die Lehre vom Urteil im Psychologismus. Ein kritisch-positiver Beitrag zur Logik*〔「心理学主義の判断論――論理学への批判的・積極的寄与」,ハイデッガー全集第 1 巻『初期論文集』所収〕
(Dissertation [1913], Leipzig : Johann Ambrosius Barth 1914). Jetzt in : HGA,》*Frühe Schriften*《(1978)
· *Kants Briefe in Auswahl*〔書評「『カント書簡選集』F. オーマン編集・注解」,ハイデッガー全集第 1 巻『初期論文集』所収〕
(Besprechung in :》Literarische Rundschau für das katholische Deutschland《, Jahrgang. 39, Nr. 2, 1913). Jetzt in : HGA, Bd. 1,》*Frühe Schriften*《(1978).
· *Nikolai von Bubnoff,》Zeitlichkeit und Zeitlosigkeit*›〔書評「ニコライ・フォン・ブープノフ『時間性と無時間性』」,ハイデッガー全集第 1 巻『初期論文集』所収〕
(Besprechung in :》Literarische Rundschau für das katholische Deutschland《, Jahrgang. 39, Nr. 4, 1913). Jetzt in : HGA, Bd. 1,》*Frühe Schriften*《(1978).
· *Zur versuchten Aufhebung der Grenzen der naturwissenschaftlichen Begriffsbildung*
(Disposition im Rickert-Seminar vom Wintersemester 1913/14》Übung zur Geschichtsphilosophie (Methodenlehre der Kulturwissenschaften)《). Handschriftlich. Erstausgabe in diesem Band.〔「自然科学的概念形成の諸限界を超えるための試み」,本書所収〕
· *Franz Brentano,》Von der Klassifikation der psychischen Phänomene*《〔書評「フランツ・ブレンターノ『心理現象

の分類について』,ハイデッガー全集第1巻『初期論文集』所収〕

 (Besprechung in : »Literarische Rundschau für das katholische Deutschland«, Jahgang.40, Nr. 5, 1914). HGA, Bd. 1, »*Frühe Schriften*« (1978).

・*Charles Sentroul, »Kant und Aristoteles«*〔書評「シャルル・サントルール『カントとアリストテレス』」,ハイデッガー全集第1巻『初期論文集』所収〕

 (Besprechung in : »Literarische Rundschau für das katholische Deutschland›, Jahgang.40, Nr. 7, 1914). Jetzt in : HGA, Bd. 1, »*Frühe Schriften*« (1978).

・*Kant-Laienbrevier*〔書評「『カント語録――教養ある非専門家のための,カントの著作・書簡・口述記録にもとづくカントの世界観と人生観』F. グロース編」,ハイデッガー全集第1巻『初期論文集』所収〕

 (Besprechung in : »Literarische Rundschau für das katholische Deutschland›, Jahgang. 40, Nr. 8, 1914). Jetzt in : HGA, Bd. 1, »*Frühe Schriften*« (1978).

・*Frage und Urteil*〔「問いと判断」,本書所収〕

 (Vortrag im Rickert-Seminar am 15. Juli 1915). Handschriftlich. Erstausgabe in diesem Band.

・*Die Kategorien- und Bedeutungslehre des Duns Scotus*〔「ドゥンス・スコトゥスの範疇論と意義論」,ハイデッガー全集第1巻『初期論文集』所収〕

 (Habilitationsschrift [1915], Tübingen : J. C. B. Mohr (Paul Siebeck), 1916). Jetzt in : HGA, Bd. 1, »*Frühe Schriften*« (1978).

・*Die Idee der Philosophie und das Weltanschauungsproblem*〔「哲学の理念と世界観問題」,ハイデッガー全集第56/57巻『哲学の使命について』所収〕

 (Vorlesung im Kriegsnotsemester 1919) – HGA, Bd. 56/57, »*Zur Bestimmung der Philosophie*« (1987, 1999). Hrsg. von Bernd Heimbüchel.

・*Phänomenologie und transzendentale Wertphilosophie*〔「現象学

と超越論的価値哲学」, ハイデッガー全集第 56/57 巻『哲学の使命について』所収〕

(Vorlesung im Sommersemester 1919) － HGA, Bd. 56/57, »Zur Bestimmung der Philosophie« (1987, 1999).

・*Grundprobleme der Phänomenologie*〔ハイデッガー全集第 58 巻『現象学の根本問題』〕

(Vorlesung im Wintersemester 1919/20) － HGA, Bd.58, »*Grundprobleme der Phänomenologie*« (1992). Hrsg. von Hans-Helmuth Gander.

・*Phänomenologie der Anschauung und des Ausdrucks*

(Vorlesung im Sommersemester 1920) － HGA, Bd.59, »*Phänomenologie der Anschauung und des Ausdrucks. Theorie der philosophischen Begriffsbildung*« (1993). Hrsg. von Claudius Strube.

・*Einführung in die Phänomenologie der Religion*

(Vorlesung im Wintersemester 1920/21) － HGA, Bd. 60, »*Phänomenologie des religiösen Lebens*« (1995). Hrsg. von Matthias Jung, Thomas Regehly und Claudius Sturbe.

・*Augstinus und der Neuplatonismus*

(Vorlesung im Sommersemester 1921) － HGA, Bd. 60, »*Phänomenologie des religiösen Lebens*« (1995).

・*Phänomenologische Interpretation zu Aristoteles*〔ハイデッガー全集第 61 巻『アリストテレスの現象学的解釈／現象学的研究入門』〕

(Vorlesung im Wintersemester 1921/22) － HGA, Bd.61, »*Phänomenologische Interpretation zu Aristoteles. Einführung in die phänomenologische Forschung*« (1985, 1994). Hrsg. von Walter Bröcker und Käte Bröcker-Oltmanns.

・*Phänomenologische Interpretation zu Aristoteles. Anzeige der hermeneutischen Situation*〔『アリストテレスの現象学的解釈――『存在と時間』への道』（高田珠樹訳），平凡社，2008 年〕

(Der sogenannte Natorp Bericht, 1922). Erstveröffentlichung in : »Dilthey-Jahrbuch« 6, 1989. Hrsg. von Hans-Ulrich

Lessing.
- *Platon : Sophistes*
    (Vorlesung im Wintersemster 1924/25) – HGA, Bd. 19, »*Platon : Sophistes*« (1992). Hrsg. von Ingeborg Schüssler.
- *Sein und Zeit*〔ハイデッガー全集第 2 巻『有と時』〕
    (in : »Jahrbuch für Philosophie und phänomenologische Forschung«, Bd. VIII, 1927 und als Einzelveröffentlichung bei Niemeyer in Halle an der Saale) – HGA, Bd. 2, »*Sein und Zeit*« (1977). Hrsg. von Friedrich-Wilhelm von Herrmann.
- *Metaphysiche Anfangsgründe der Logik*〔ハイデッガー全集第 26 巻『論理学の形而上学的な始元諸根拠』〕
    (Vorlesung im Sommersemester 1928) – HGA, Bd. 26, »*Metaphysische Anfangsgründe der Logik im Ausgang von Leibniz*« (1978, 1990). Hrsg. von Klaus Held.
- *Edmund Husserl zum siebenzigsten Geburtstag*
    (Festrede in : »Akademische Mitteilungen«, Vierte Folge, IX. Semester, Nr. 3 vom 14. Mai 1929). Jetzt in: HGA, Bd. 16 »*Reden und andere Zeugnisse eines Lebensweges*«. Hrsg. von Hermann Heidegger.
- *Was ist Metaphysik?*〔「形而上学とは何であるか」,ハイデッガー全集第 9 巻『道標』所収〕
    (Antrittsvorlesung). Bonn : Friedrich Cohen, 1929 ; jetzt auch in : HGA, Bd. 9, »*Wegmarken*«.
- *Vom Wesen des Grundes*〔「根拠の本質について」,ハイデッガー全集第 9 巻『道標』所収〕
    (Aufsatz in : *Festschrift für Edmund Husserl zum siebzigsten Geburtstag* : Ergänzungsband zum »Jahrbuch für Philosophie und phänomenologische Forschung«. Halle an Saale : Niemeyer, 1929). Jetzt in : HGA, Bd. 9, »*Wegmarken*«.
- *Kant und das Problem der Metaphysik*〔ハイデッガー全集第 3 巻『カントと形而上学の問題』〕
    Bonn : Friedrich Cohen, 1929 ; jetzt in : HGA, Bd. 3, »*Kant und das Problem der Metaphysik*« (1991). Hrsg. von Friedrich-Wilhelm von Herrmann.

- *Wegmarken*〔ハイデッガー全集第 9 巻『道標』〕
  (Frankfurt am Main : Klostermann, 1967) – HGA, Bd. 9, »*Wegmarken*« (1976, 1996). Hrsg. von Friedrich-Wilhelm von Herrmann.
- *Zur Bestimmung der Philosophie*〔ハイデッガー全集第 56/57 巻『哲学の使命について』〕
  HGA, Bd. 56/57, »*Zur Bestimmung der Philosophie*« (1987, 1999).
- *Phänomenologie des religiösen Lebens*
  HGA, Bd. 60, »*Phänomenologie des religiösen Lebens*« (1995)
- *Reden*
  HGA, Bd. 16, »*Reden und andere Zeugnisse eines Lebensweges*« (2000). Hrsg. von Hermann Heidegger.

ハインリヒ・リッカート

- *Zur Lehre von der Definition*
  (Dissertation). Freiburg: J. C. B. Mohr (Paul Siebeck), 1888, 2. verbesserte Auflage, 1915.
- *Der Gegenstand der Erkenntnis. Ein Beitrag zum Problem der philosophischen Transcendenz*〔『認識の対象』山内得立訳, 岩波書店, 1927 年〕
  (Habilitationsschrift). Tübingen: J. C. B. Mohr (Paul Siebeck) 1892, 2. verbesserte und erweiterte Auflage, 1904, 3. völlig umgearbeitete und erweiterte Auflage, 1915.
- *Die Grenzen der naturwissenschaftlichen Begriffsbildung. Eine logische Einleitung in die historischen Wissenschaften*
  Tübingen: J. C. B. Mohr (Paul Siebeck), 2 Bde 1896/1902, 2., neu bearbeitete Auflage 1913., 3. und 4. verbesserte und ergänzte Auflage 1921.
- *Kulturwissenschaft und Naturwissenschaft*〔『文化科学と自然科学』佐竹哲雄・豊川昇訳, 岩波書店, 1939 年〕
  Tübingen: J. C. B. Mohr (Paul Siebeck), 1899, 2.

umgearbeitete und vermehrte Auflage, 1910.
- *Zwei Wege der Erkenntnistheorie. Transcendentalpsychologie und Transcendentallogik*〔「認識論の二つの道」宮本和吉訳,『哲学雑誌』344, 351, 354 号所収, 1915–1916 年〕
 (Aufsatz in: Kantstudien, Bd. 14, Heft 2, Berlin 1909).
- *Das Eine, die Einheit und die Eins. Bemerkungen zur Logik des Zahlbegriffs*〔『一者, 統一および一』伊藤謹一郎訳, 岩波書店, 1931 年〕
 (Aufsatz in: »Logos« II, 1911/12). Umgearbeitete Separatausgabe, Tübingen: J. C. B. Mohr (Paul Siebeck), 1924.
- *Vom system der Werte*〔「価値の体系について」九鬼一人訳, 九鬼一人『新カント派の価値哲学』弘文堂, 1989 年に「付篇二」として所収〕
 (Aufsatz in: »Logos« IV, 1913).
- *Emil Lask. Ein Nachruf*
 (Aufsatz in: »Frankfurter Zeitung«, Jahrgang 60, Nr. 288 vom 17.10.1915).
- *Hugo Münsterberg*
 (Aufsatz). In: »Frankfurter Zeitung,1« Jahrgang 61, Nr. 2 vom 3.1.1917, Erstes Morgenblatt und Nr. 3 vom 4.1.1917, Erstes Moregenblatt.
- *Die Philosophie des Lebens. Darstellung und Kritik der philosophischen Modeströmungen unserer Zeit*〔『生の哲学——現代に於ける哲学状の流行思潮の叙述及び批判』小川義章訳, 改造社, 1923 年〕
 Tübingen: J. C. B. Mohr (Paul Siebeck), 1920.
- *Psychologie der Weltanschauungen und Philosophie der Werte*
 (Aufsatz in: »Logos« IX, 1920/21).
- *System der Philosophie. Erster Teil: Allgemeine Grundlegung der Philosophie*
 Tübingen: J. C. B. Mohr (Paul Siebeck), 1921.
- *Die Wetten in Goethes Faust*
 (Aufsatz in: »Logos« X, 1921/22).
- *Die philosophischen Grundlagen von Fichtes Sozialismus*〔「フィ

ヒテの社会主義の哲学的基礎」,『リッケルト論文集』所収,
改造社編集局訳, 改造社, 1929 年〕
  (Aufsatz in: »Logos« XI, 1922/23).
· *Vorwort zu Emil Lasks »Gesammelten Schriften«*
  In drei Bänden herausgegeben von Lasks Schüler Eugen Herrigel, Tübingen: J. C. B. Mohr (Paul Siebeck), 1923–24.
· *Das Leben der Wissenschaft und die griechische Philosophie*
  (Aufsatz in: »Logos« XII, 1923/24).
· *Die Methode der Philosophie und das Unmittelbare*
  (Aufsatz in: »Logos« XII, 1923/24).
· *Kant als Philosoph der modernen Kultur. Ein geschichtsphilosophischer Versuch*〔『現代文化の哲人としてのカント』三井善止・大江精志郎訳, 理想社, 1981 年〕
  Tübingen: J. C. B. Mohr (Paul Siebeck), 1924.
· *Die Einheit des Faustischen Charakters. Eine Studie zu Goethes Faustdichtung*
  (Aufsatz in: »Logos« XIV, 1925).
· *Vom Anfang der Philosophie*
  (Aufsatz in: »Logos« XIV, 1925).
· *Max Weber und seine Stellung zur Wissenschaft*
  (Aufsatz in »Logos« XV, 1926).
· *Die Erkenntnis der intelligibeln Welt und der Metaphysik*
  (Aufsatz, Erster Teil in: »Logos« XVI, 1927 und Zweiter Teil in: »Logos« XVIII, 1929).
· *Die ewige Jugend der Griechen*
  (Aufsatz in: »Die Pädagogische Hochschule«, Jahrgang 1, Bühl/Baden, Heft 1, 1929).
· *Die Logik des Prädikats und das Problem der Ontologie*
  Heidelberg: Carl Winter, 1930 (= Sitzungsberichte der Heidelberger Akademie der Wissenschaften. Philosophisch-historische Klasse, Jahrgang 21, 1930/31; Nr. 1).
· *Philosophische Aufsätze*
  Herausgegeben von Rainer A. Bast. Tübingen: J. C. B. Mohr (Paul Siebeck) UTB, 1999.

フライブルク大学におけるリッカートの講義と演習
(1912–1916)[2]

SS 1912
講義:「認識論と形而上学への入門」
平行講義:「世界観としてのダーウィニズム」
ゼミナール:「判断論のための認識論演習」

WS 1912/12
講義:「哲学入門」
ゼミナール:「主観の教説に関わる演習」

SS 1913
講義:「論理学(理論哲学の基礎)」
ゼミナール:「ベルクソンを手引きとした形而上学演習」[3]

WS 1913/14
講義:「カントからニーチェまでのドイツ哲学(現代の問題への歴史的導入)」
ゼミナール:「歴史哲学演習(文化諸科学の方法論)」

SS 1914
講義:「哲学の体系」
ゼミナール:「認識論演習」

WS 1914/15
講義:「哲学入門」
ゼミナール:「ヘーゲルを手引きとした哲学の体系演習」

---

2) (訳注)「SS」は夏学期,「WS」は冬学期を表している。
3) (訳注) ヴァルター・ベンヤミンはこのゼミナールに参加していた。Cf. Mathias Giuliani, *Histoire, langage et art chez Walter Benjamin et Martin Heidegger*, Klincksieck, 2014, p. 46f.

SS 1915
　講義:「論理学の主要問題（理論哲学の基礎）」
　ゼミナール:「演習（ロッツェの論理学）」

WS 1915/16
　講義:「カントからニーチェまでのドイツ哲学（現代の問題への歴史的導入）」
　ゼミナール:「演習」

訳者解説

若きハイデッガーと当時の大学制度

　マルティン・ハイデッガーの『存在と時間』は1927年に公刊され，20世紀哲学の潮流を作り出すこととなった。この書に棹さす研究はもとより，批判的対決を通じて独自の思想が形成され，今もなお多様な可能性を有している。また，修学時代の論文や初期の講義録などが刊行されることによって，『存在と時間』にいたるまでの思想形成も明らかにされてきた。

　若きハイデッガーとハインリヒ・リッカートとの往復書簡は，このような思想形成に関する研究にまた一つの光を投げかける資料として位置付けることができる。その光が主に照射してくれるものは，新カント派との関係である。

　哲学史的に見れば，広義の分析哲学，現象学，実存哲学，そしてハイデッガー自身の現象学的存在論などの新たな哲学によって，新カント派は1930年頃から一気に斜陽化する。だが，ハイデッガーの修学時代，つまり1900年代初頭，新カント派は隆盛を極めていた。つまり，ハイデッガーは，新カント派の研究および批判的対決から自らの存在論を形成していったのだが，修学時代に限定するならば，ある意味で新カント派の一員，精確にはヴィンデルバント，リッカート，そしてラスクに連なる西南学派の一

人として位置付けることもできるだろう。

　だが，この書簡が照らし出してくれるものは新カント派との関係だけではない。それは，若きハイデッガーの「実存」的な状況（当然，宗教的側面を含む）が垣間見えるという点である。とりわけ，大学教員への道，つまり，就職問題をめぐるやり取りやその背後に見え隠れする人間関係などは，正教授になれるかどうか分からない不安定な状況（将来に対する漠然とした不安）や，〈哲学すること〉をめぐる自分の信念を示すものであり，およそ100年前のドイツと現在の日本を比べてみてもそれほどの違いがないことに，いつの時代も，いやハイデッガーでさえも同じなのだなぁ，と安心（?!）してしまう，というか共感，親近感のようなものを覚えてしまうと同時に，となんとも嘆息してしまう。

　さて，ハイデッガーは26歳になる1915年に教授資格を取得し，同年から私講師として講義を開始している。その後，1917年にはマールブルク大学の教授職候補にあがるが実現せず，フッサールの提案により報酬付きでの講義ができるようになり，助手の職に就く。そして，1923年，マールブルク大学の員外教授として招聘され，1928年10月からフライブルク大学の正教授となる。本書簡集には修学時代から私講師時代のやりとりが含まれているが，当時のハイデッガーの心境に共感しつつ理解するには，ドイツの大学制度や大学教師の職階などの背景的知識を押さえておく必要があるだろう。以下では，大学ごとに多少の違いはあるが，ドイツの大学事情について確認しておこう[1]。

　1）　以下の論述は，別府昭郎『ドイツにおける大学教授の誕生』創文社，1998年；中山茂『帝国大学の誕生』講談社（講談社学術文庫），2024年；潮木守一『ドイツ近代科学を支えた官僚——影の文部大臣アルトホーフ』中央公論社（中公新書），1993年；トーマス・ニッパーダイ『ドイツ史 1866–1918　労働世界と市民精神・下』（大

ドイツの大学教員には、大きく三つの職階が存在している。正教授（Ordinarius）、員外教授（Extraordinarius）、そして私講師（Privatdozent）である。それぞれの特徴についてみておこう。

まず、正教授はそもそも領邦国家の官職とみなされ、領主によって任命される大学教師の職階の最上位に位置している。職位としては、中世における有給教師が母体となって16世紀に登場したものである。その特徴は、正規の講座の保持者であり、また、学部教授会や大学評議会の正規の構成員として、大学や学部の運営権を握り、さらに、一定期間ないし一生涯にわたって固定給が支給されるという、非常に影響力のある職位であった。正教授層によって運営されるドイツの大学は「貴族主義的」とも形容され、前近代においては寡頭的支配体制と特徴づけられていた。

次に、員外教授は、大学の運営に関与することはできず、また正規の講座を持つこともできないが、正教授が講義を行わない日や時間に、講義を行うことができる。大学によっては、公的性格を持つ者（官吏である員外教授）と私的性格を持つ者（官吏でない員外教授）がいた。ところで、ドイツの哲学者の紹介などで、度々「助教授」という表記を見ることがあるが、これは Extraordinarius ないし ausserordentlicher Professor の翻訳のはずなので、「員外教授」と同義と考えてよいだろう。

最後に、私講師は、16世紀に登場した「私的教師（praeceptor privatus）」が性格を変えつつ、18世紀後半から19世紀はじめにおける大学教授資格試験（Habilitation）の導入をきっかけに、大学教師の位階制度の最下位に位置

内宏一訳）、白水社、2023年の著述に依拠したものである。これらの著作に学ぶことで、ドイツの大学制度や大学教師像についての理解が大いに深まった。こうした地道な研究に敬意を払うとともに、執筆者および翻訳者の方々に心からの感謝を申し上げたい。

づけられるようになった。私講師は国家予算の裏付けはなく無給，つまり，受講者から直接に授業料を得ることで成り立つ職位であり，国家官吏ではなく私人として教壇にたつ教師とされる。ただ，19世紀終わりから20世紀初めになると，私講師にも経済的援助がなされるようになり，助成金をもらえる私講師も登場したようである。あえて，日本における大学教員に例えてみるならば，正教授は日本における教授（准教授も含めて構わないだろう），員外教授は，教授という呼称がついているとはいえ，今でいう助教，場合によってはポスドクに近く，私講師は兼任講師（ないし非常勤講師）に重ねて理解することができるだろう。大学教師を目指すものは，通常，私講師，員外教授，そして正教授という順で出世することになる。

　もう少しだけ私講師について補足しておこう。歴史的にみると，学生数の増加にともなって私講師の数も増えていったが，正教授や員外教授の人数の増加は緩慢としたものであった。その理由はとりわけ予算に関係していたわけだが，正教授の地位にあるものたちが自分たちに並ぶ講座の増加を望まず，閉鎖的で独占的な利権，つまり，既述のようなある種のエリート主義を維持しようという思惑も影響していたようである。こうした背景をもとに19世紀後半以降，私講師が「教授」に招聘されるまでの待機期間は，およそ8年から12年に伸びたのである。このような状況を，ニッパーダイは「人生の目標に失敗して「道路の側溝」で生涯を終えることを意味した」と表現している。私講師は大学教育において，かなりの授業を担当しながらも，抑圧された存在だったのである。

　さて，こうした職階構造は，1970年代初頭の大学改革に至るまで，その基本的構造は変わることなく存続し続けることになる。また，ドイツにおける学問は，領邦国家のなごりから地方分権主義が存続しており，これが大学間で

の学者の引き抜き競争を促進させ，学会の活性化に棹さすことによって発展していった。ドイツの哲学者たちの経歴を見ると，いくつもの大学を遍歴している者が少なくない。たとえば，リッカートはベルリン，シュトラースブルク，フライブルクで学んでいるし，ラスクは，フライブルク，シュトラースブルク，ハイデルベルクというように大学を移っている。ドイツでは大学入学資格（アビトゥーア）を有する者は，どこの大学でも聴講料を払えば講義を聴くことができる，つまり，自分の興味に従って，学期ごとに大学に登録すれば諸大学を遊歴する自由がある。だから，自分が学びたい教師の移動にともなって大学を移る学生も多かったのである。

　次に，本書簡集で度々目にする「ゼミナール」について確認しておきたい。日本でも「ゼミ」と省略されて用いられる呼称である。日本の場合，「〜先生のゼミに入る」という用法では，卒業論文や大学院での指導教員を選ぶ，というようなニュアンスに近いと思われる。また，「ゼミに出る，出席する」という用法では，演習形式の授業を指すのが通常であろう。では，ドイツの場合はどうか。ドイツの場合，厳密に制度として理解する必要がある。「ゼミナール」とは予算のついた制度であり，教師が特別給与を受けるだけではなく，選ばれた学生メンバーにも多少の手当がつくという点で，日本の場合とは大きく異なるからである。日本では「演習（Übung）」と「ゼミナール（ゼミ）」が，使い方によっては一緒くたにされているような気もするが，「演習」とは授業形態の一つであり，理論や知識を実践的に用いるような授業形態であるので，制度であるゼミナールとは別に理解すべきものである。ただ，ゼミナールにおいてどのような形態の授業がなされるかと言えば，おおよそ「演習」ということなるだろう。つまり，ゼミナールという制度には，特定のテーマについて学生が深く

研究し議論を行ったり，プレゼンをする場を提供するという意図が込められているため，授業形態は講義ではなく演習になるというわけである。もちろん，リッカートやハイデッガーが担当していたフライブルク大学でのゼミナールも，大学ごとに細かな点において違いはあるだろうが，以上のように理解してよいだろう。

　最後に，ハイデッガーがリッカートを「枢密顧問官」と呼称しているが，これもまた正教授という地位と関係している。「枢密顧問官（Geheimrat）」とは，元来，君主や統治者に助言をする役職であり，その人物は，原語にも示されているように「秘密（Geheimnis）」を漏らさないほど信頼された，ということらしい。18世紀末から19世紀初頭，大学教授を国家官僚制に取り込む傾向が顕著になり，プロイセンの「一般国法」においては正教授はもちろん，員外教授や職員も帝国官吏の権利を享受するということが明記される。こうした背景から，大学教師，とくに正教授が枢密顧問官を兼任する場合があったということである。ただ，ハイデッガーとリッカートが書簡のやり取りをしていた時期には，大学の評議委員や高位の公務員，役人に対する名誉称号のようなものとして用いられていた。正教授であるリッカートにもこれが適用されていたということであろう。

連星と惑星，そして恒星へ

　以下では，本書簡の主役の一人であるリッカートおよび，彼の高弟でありハイデッガーの思想形成に大きな影響を与えたラスクについて，彼らの基本的な立場や思想についてはそれに相応しい書物に期待することとして，履歴書的な側面を一瞥しておこう。

ハインリヒ・リッカートはグタニスク（当時はプロイセンのダンツィヒ）に 1863 年 5 月 25 日に生まれた。彼の哲学修行時代を簡単に振り返れば，1884–85 年にかけてベルリン大学に在籍し，フリードリヒ・パウルゼンなどの講義に参加，1885 年にはシュトラースブルク大学に移り，ヴィンデルバントのもとで学び，1888 年には『定義論』で学位を取得する。1889 年に健康上の理由からフライブルクに移ると，アロイス・リールのもとで教授資格を取得し，1892 年にはその資格論文である『認識の対象』が出版される（のちに何度も改訂を重ねることになる）。私講師を経て 1894 年に員外教授に，1896 年には正教授に任命される。1915 年までフライブルクで教えたのち，同年に亡くなったヴィンデルバントの後任としてハイデルベルク大学に移ると，1932 年まで教鞭をとり，1936 年に当地で亡くなった。多くの著作を残したが，代表的なものとしては，既述の『認識の対象』のほか，本書簡でも度々言及されている『自然科学的概念形成の限界』，その綱領的な縮約版とも言える『文化科学と自然科学』，未完の『哲学の体系』などがある。このような経歴をみると，33 歳で正教授の地位を手に入れたリッカートは，極めて順調にキャリアを積み上げていったと言えるだろう——シェリングやニーチェのように，20 代半ばで正教授になる例外はあるが，30 代後半で正教授になれれば順調と言えるだろう——。

　この書簡のやり取りで注目すべきもう一人の人物は，やはりエミル・ラスクであろう。エミル・ラスクは，現在はポーランドのガリツィア地方の町，ヴァドヴィツェに 1875 年 9 月 25 日に生まれた。1894 年にフライブルク大学に入学，当初は法学を専攻していたが哲学への関心を高め，1897 年から翌 98 年にはシュトラースブルク大学のヴィンデルバントのもとに学んだ。その後，再びフライブルクに戻り，1901 年にリッカートのもとで学位論文『フィ

ヒテの観念論と歴史』（1902年出版）を仕上げ，1905年にハイデルベルクに移ったヴィンデルバントのもと，『法哲学』によって教授資格を取得する。同年からハイデルベルク大学で教鞭をとり，当地ではヴェーバーと親交を深め，彼のサークルでは，ラートブルフやルカーチとも交流を持つ。1911年に『哲学の論理学とカテゴリー論』，翌12年に『判断論』を上梓する。西南学派の双璧，ヴィンデルバントとリッカートに学んだラスクは，師であるリッカート自身の哲学の展開にも影響を及ぼすほどであったが，第一次大戦に志願兵として東部戦線に従軍し，1915年5月に40歳を前に戦死した。リッカートからすれば，この大戦で愛弟子のラスクのみならず，フッサールのもとで学んでいた息子のハインリヒをも亡くしている。心中察するに余りある時代であった。

　書簡でもたびたび言及されていることからもわかるように，ハイデッガーにとってもラスクは極めて重要な人物であった——管見の限り，ハイデッガーとラスクは直接対面し議論をすることはなかったようである——。ラスクについての本を書こうと計画していたことや（書簡18），教授資格論文がラスクの影響下で書かれていることなどから，ハイデッガーの「ラスク熱」（書簡10）は，おそらくかなり本気で言っていたのではないかと思われる。ハイデッガーはリッカートを通してラスクに，大袈裟に言えば，心酔していたと言ってもいいだろう。さらに言えば，ここで詳論はできないが，『存在と時間』を支えている根本思想，すなわち，「存在論的差異」や「カテゴリー論」のアイディアは，ラスクなしにはありえないものであった。

　さて，ハイデッガーの思想形成におけるラスクからの影響については，キシールやクローウェルをはじめ，おおよそ1990年代くらいから研究が蓄積されている。他方，リッカートからの影響については，ラスクに比べるとあま

り顧みられていないように思われる。日本では，新カント派への関心が長らく薄れていることに加えて，とりわけ，リッカートの著作へのアクセスが悪いことも大きな要因になっているのだろう。大正年間から昭和初期にはその翻訳も多くなされていたが，それらも現在では入手困難である。ハイデッガーへの影響に鑑みれば，『定義論』，『自然科学的概念形成における限界』，『認識の対象』が欠かせない。『認識の対象』は初版と第 2 版の参照が必要であるが，書簡 27 にあるように，ハイデッガーにとってはとくに初版が重要であった。第 2 版は山内得立による翻訳があり，現在も岩波文庫で再販されているので比較的手に入りやすいが，初版の翻訳はなされていない。また，リッカートの学位論文『定義論』はもちろん，この往復書簡で何度も言及されている『自然科学的概念形成の限界』は，改訂を重ね第 5 版まで存在するが，いずれも邦訳はなされていない（そのプロレゴメナとも言える『文化科学と自然科学』は佐竹哲雄，豊川昇によって翻訳され岩波文庫に収められている）。

　本書簡集からも垣間見ることができるが，ハイデッガーは，実質的には修学時代からリッカートの思想とは批判的に対峙していたが，その内実をはっきりと読み取るには 1920 年代前後からの講義録を待たねばならないだろう。そこでは価値哲学批判が展開されており，さらに『存在と時間』の世界分析では「価値のついたもの」は道具（手許的存在者）を前提とするので派生的にしか捉えられていない。たしかに，このような箇所だけを取り上げてみると，リッカートの哲学は乗り越えられて，批判の対象にだけなっているかのような印象を持ってしまう。しかし，リッカートの哲学をより深く知悉していれば，まったく違った印象になるのではないか。『存在と時間』にリッカートからの影響を読み込むことはできるし，その後のカント関連

訳者解説　193

の仕事にさえそれを指摘することはできるだろう。ハイデッガー哲学にはリッカート哲学が暗渠のように分かりづらい仕方で含まれているのだが，それを剔抉する研究のためには，やはり，新カント派の研究や翻訳があらためて開始されねばならない。

　最後に，本書簡集にはリッカートとラスク以外にも，コーエンやナトルプというマールブルク学派を代表する哲学者たちが言及されている。さらには，いわゆる通常の哲学史ではなかなか触れられることのない人物たちが，ハイデッガーとリッカートの周りには存在していた。そうした人物たちもまた，陰に陽に，ハイデッガーの哲学形成に影響を与えている。そうした論点を敷衍することは訳者の力量を超えているためできないが，読者の方々がそれぞれの関心に従って，さまざまな思想的鉱脈を発掘するきっかけになってくれれば幸いである。

　最後に，本書簡でも言及されているリッカートによるラスクの追悼文（オイゲン・ヘリゲル編集の『ラスク全集』に「序文」として収められたもの），および，ラスクがハイデルベルク大学で行った授業内容を，以下に〈資料〉として掲載した。リッカートとラスクの関係性やラスクの人間性を知るうえでも興味深く，書簡集を補完するものとして併せて参照していただければと思う。

〈訳者解説資料〉

ハインリヒ・リッカート

序　文

（ラスク全集第 1 巻所収）

　現代では多くの人々が世界観の問題に興味を持っているが、哲学の分野における学問的な研究の大部分は、詳細な研究を通じて初めて理解できるため、多くの人々には近づきづらい状態にある。ある意味では、これは常にそうであったかもしれない。古代、中世、ルネサンスという偉大な体系に関する最近の理論的基盤でさえ、一般的には広まらなかった。しかしながら、カントが彼の超越論的論理学を、あるいは現在では「認識論」と呼ばれるものを世界観教説〔Weltanschauungslehre〕の基礎学問として位置づけた時代ほど、哲学が〈その一般的な意味〉と〈その学問的な基盤の持つ近寄りがたさ〉との対立を明白に示した時代はない。こうした標識のもとで、ヨーロッパ哲学は、それが学問的な性格を担っている限り、カントの教えに反対する者が多くいるにもかかわらず、今日までその本質的な現象として存立している。ヨーロッパ哲学において、生にとって最も普遍的な意味を持つものはまさに、〔このような非常に〕専門的な探求に基づいているのである。

　こうした観点から見ると、現代思想の創始者〔＝カント〕が、年老いてから我々の文化全体にとって非常に重要な作品を発表したという事実もまた、典型的なものである。シラーやフィヒテのような人々によって広く普及された〔カントの〕思想を学問的に基礎づけるためには、非常に複雑で困難な概念形成が必要であった。自分自身で学

問的な世界観教説に到達しようとする思想家たちについては，それ以来，同じことが繰り返されている。こうした思想家たちは最初，その理解が比較的少数の人に制限される仕事〔最初はなかなか理解されない理論や考え〕に頼らざるをえないのだが，徐々に，人生の意味について哲学に定位したいと思うすべての人々が哲学に求めているものに，〔思想家たち，あるいは偉大な哲学者たちは〕たどり着くのである。そのため，始点と終点，出発点と目的地が，これほど遠く隔たっている学問は〔哲学の〕ほかにはないのだ。

　その死から8年後に初めて完全な著作集が刊行された人物の意義を評価するためには，こうしたことを念頭に置く必要がある。エミル・ラスクは1875年9月25日に生まれた。敵の銃弾に倒れたのが40歳[1]，その時点で20年間にわたる集中的な研究が彼に残されたものであった。それにもかかわらず，彼の名前は当時，彼の同僚や学生の輪の外には広がってはいなかった。それは避けられないことであった。というのも，彼が書いたことや口頭で教えたことは，困難な共同作業を要し，特定の「専門分野」，すなわち，専門家だけが従事する論理学や認識論に限定されているように見なされていたからである。そのため，ラスクをあまり知らない人は，彼を〔特定の分野にかかずらう〕専門家と見なしていた。しかし，実際には決してそうではなかった。彼の内面のすべてが包括的な体系を求めていたのである。だが，最良の意味での現代的な思考の特徴と結び付いていた，彼の性格からくる非凡な徹底性と誠実さによって，その著作には，あらゆる真の哲学がその最終目標として目指すものが，ただ萌芽的にしか〔断片としてし

1）（訳注）ラスクは，1915年5月26日に戦死したとされているので，精確には，39歳である。

か〕見出せないのである。

　彼の友人や同僚たちは、彼の難解な考えについて理解できる人たちであったため、ここ〔彼の著作や思想〕には大きな成果が期待できる、生き生きとした力が働いていることをずっと知っていた。実際、我々のうちの何人かは、彼の世代の誰よりも彼に期待を寄せており、それは、論理学や認識論的な研究の遂行だけにとどまらないものであった。そうした研究はすでに力強い効果を上げ始めていた。〔我々がラスクに抱いていたさらなる期待は〕文化的生のあらゆる側面を正当に評価し、同時に、我々の存在の意味〔Sinn unseres Daseins〕を学問的基盤のうえで解釈しよう試みる、包括的な世界観教説の創造への期待なのであった。

　世界大戦がこうした希望を破壊したのだった。ここで〔ハイデルベルクで〕成長しつつあったもの、とくにラスクの生涯の最後の数年間でますます強く展開されていたものは、形を成す前にだめになってしまったのだ。誰も自分の人生の意味を完全に解釈することはできないし、たしかに、彼の最後は、個人的には感嘆すべきで感動的なものであっても、我々の前には、どうしようもなく不合理なものとしてある。ラスクがどのような人物であったかを知る者にとってできることは、戦争がどのような犠牲を要求したのか、そして、ドイツ哲学が彼とともに失ったものを他の人に伝えることだけである。

　この文章では、彼の学問的な業績についての描写はしない。今回集められた諸々の作品が、純粋に客観的にそれら作品そのものについて語ってくれるだろう。私はそうした著作を書いた人物についてだけ語りたいと思う。私にとって、彼の人柄は最も注目に値するものであり、そのことについてよく承知しているからである。20年間にわたって私はラスクと、人間的にも学問的にも密接に関わってき

た。しかし，私の最も忠実で最も愛すべき友人の一人がいなくなってしまった。そのため，私は完全に思い入れなしに語ることはできないし，その人物について個人的な感情を入れずに話そうというつもりもない。私が言えるのは，ラスクが私にとってどのような存在であったか，20年間にわたる我々の，決して曇ることのなかった友情の中で〔彼が私にとって〕どのように映っていたか，ということである。私は，彼の死の年に編集者の依頼である新聞に寄せた追悼記事を利用し，いくつかの追加情報を加えたいと思う[2]。

　ラスクの若かりし頃に関して，広く人々の興味を引くようなことについては何も知らない。私が彼と知り合ったのは，彼が19歳の時で，法学部に入学した最初の学期の学生としてであった。しかし，彼が法学を選んだのは，他の「食べるための専攻」について決断できなかったためであり，〔そのため〕すぐにそれを辞めたのであった。私は当時，フライブルク大学の私講師であり，彼は私の講義を受けていた。学期の終わり頃，彼は哲学を学ぶ方法を尋ねるために私のところにやって来た。当然のことながら，この非常に問題のある「キャリア」について，彼に忠告する必要があると私は感じた。しかし，彼は萎縮することのない人物であった。彼は自分の人生を学問に捧げること以上によいことはなく，外的な成功には興味がない，と言ったのである。彼は，裕福ではなくとも，控え目な要求であれば，自分には十分な生活ができるだろうとも述べた。彼がこの「実用的ではない」心構えをいかに真剣に受け止めていたのかは，外部からの援助や助成を期待できない私，つまり，私のような私講師に付き従ったことによって，すぐ

---

　2)　（訳注）追悼記事については，書簡10の注記「ラスクへのあなたの追悼文」を参照。

こうして彼は私の学生となり，私が彼にドイツ観念論を教えることができたことは，いつまでも私の人生における最も素晴らしい思い出の一つとなり，私はこのことに感謝してもしきれないほどなのである。彼は素晴らしい熱意でこの世界に没頭し，比較的短期間で，彼と話す以上に私の学問的な計画や研究について話せる人は誰もいなくなった。私は早くから彼から多くを学んだのである。

　彼の個性には，やがて独自の重苦しさが現れ始め，それは後にさらに強くなっていった。彼は人生における何事かを「軽々しく」受け入れることのできない性分であり，非常に多才で複雑な性格を持っていたため苦労していたのだった。抽象的な思索のための強い才能と，沈思黙考への抗いがたい傾向に結び付いていたものは，情熱的で，まさに狂信的な気質と，世界の豊かさと美しさに対する強い感受性であった。彼が触れたすべてのもの，本や絵画だけではなく，彼と出会った人々の運命も，同じ強さで彼の思考と想像力をかき立てた。彼は常に分裂の危険性について考えており，人生の中心となるはずのもの〔＝哲学〕から切り離されることを常に恐れていた。彼が歩んだ道は，最短で目標に到達する道ではなかった，ということは〔たしかに〕否定できない。

　彼は 6 年間勉強し，博士号を取ろうと決心したのだが，最初の著書『フィヒテの観念論と歴史』が出版されるのにさらに 2 年ほどがかかった[3]。〔だが〕彼の大学での学業が 27 歳のときにようやく終わったことで，何かが損なわれるということはなかった。その最初の著作は，その範囲と内容に関して，通常の博士論文とはなにか根本的に異なるものであった。それは完全に自立した，成熟した学問的

　3）　（訳注）1902 年にモール社から出版された。

〈資料〉 リッカート「序文」　　199

な作品であり，ドイツ観念論に関する我々の理解の本質的な深化を意味しており，とくにその歴史的思考との関係においてそう〔非常に意義のあるもの〕だったのである。そして，この著作はすぐにそれに相応しい認知を得たのだった。この著作は比較的短期間で品切れとなり，ラスクが新しい版を出版する決心ができなかったため，復刻版〔転写製版〕のみで入手可能である。

　ラスクがこの著作を出版した時，彼はある意味ですでにそれを超え出ていた。彼は，その年齢にして哲学史の分野で相当な学識を持っていたが，単なる歴史的な研究に制限することをもう考えてはいなかった。すでに，そのフィヒテ研究は体系的な方向性を示しており，彼は体系的な思索に専念することを望んでいたのである。しかし，当時，彼はまだ自分に固有の中心〔固有の哲学的テーマ〕を見つけてはいなかった。認識論において，彼は基本的には彼の指導教官〔リッカート〕に従って，この立場から社会的生の問題を扱うことに魅力を感じていたのである。彼は博士号取得試験の際にすでに，国民経済学と憲法学を副専攻として選択していたのだ。その後，彼は改めて法学の問題に没頭し，一時は法学の専門的研究を徹底して行うことを考え，その専門分野に精通しようとも考えていた。しかし，彼はすぐにそれが自分の力をあまりにも分散させてしまうことに気づいた。結局，彼を惹きつけていたのは，法哲学の問題だけだったのである。しかし，彼にとってこの時間も無駄ではなかった。その成果は，法哲学に関する計画的な論文に結実し，哲学者だけでなく法学者からも注目されたのである。[4]

---

　4)　（訳注）『法哲学』として，1905 年に「クーノ・フィッシャー記念論集」に掲載された（Vgl., *Die Philosophie im Beginn des zwanzigsten Jahrhunderts : Festschrift für Kuno Fischer*, hrsg. Wilhelm Windelband, Winter, 1905）。同年，『法哲学』は教授資格論文として受

しかし、ラスクにとって、法学はただの一時的なエピソードに過ぎなかった。彼は周辺〔法学〕から再び中心〔哲学〕へと向かい、自分の天命に関してもう疑問を持たなくなったことから、教授資格を取ることを考えていた。ラスクが学生の時すでにその講義を聴いていたヴィンデルバントは、ラスクを非常に親切に迎え入れ、ハイデルベルク大学への就職を喜んで支持し、1905年1月に「ヘーゲルと啓蒙主義」[5]と題した就任講演を行った。当時、ラスクは30歳であった。

　その後の数年間は、完全に大学での教育活動に捧げられた。やがて、彼が学問的に関心を持ち始めたのは、主に論理学と認識論の問題であった。非常に深く考える彼の話し方は、多くの学生を惹きつけ、とくに最初の数学期間は大きな教育的成功を収めた。彼の思考がより自立的になるにつれて、その講義はむろんより難しくなったが、彼は後に、より小規模なグループに強く、そして強烈な影響を与えるようになった[6]。教鞭をとることは彼に大きな喜びを与え、講義よりも、学生たちを自主的な学習に導くことを素晴らしく感じていたゼミナールの演習のほうが、彼には実り多いと思われた。彼の教師としての活動は、歴史的な研究を再開するきっかけとなり、とくに、一人前の人物〔一人前の哲学者〕として新たな視点で彼が取り組んだ古代哲学は、彼自身の思索に影響を与えたのである。歴史的に導き出せることとして、外的に完結した最初の段階〔ラ

理された。

　5)　(訳注) 精確なタイトルは、Hegel in seinem Verhältnis zur Weltanschauung der Aufklärung. ラスク全集第1巻に収められている。

　6)　(訳注) ラスクの授業には、ジョルジュ・ギュルビッチ、ジョルジュ・ルカーチ、ヘルムート・プレスナー、カール・ヤスパースなども参加していた (Vgl., A. J. Noras, *Geschichte des Neukantianismus*, übersetzt von Tomasz Kubalica, Peter Lang, 2020, S. 476.)。

スクの哲学における最初の特徴づけとして〕は，〈プラトン＝アリストテレス哲学〉と〈現代のカント主義〉との統合の試みとして表現することができる。しかし，ラスクの思索全体にとってこうした特徴づけが十分ではないことは，彼の遺稿が示している。

ハイデルベルクでは，学生時代以上に学問的な仕事に没頭することはなかった。彼は，貴重な人間関係を多様に築き上げ，とくに女性たちとも親密な友情を育み，こうした関係は彼を生き生きとさせるものであり[7]，また，それをたいていは集中的に作り上げる方法を知っていた。彼は，しばしばそうした友人関係に多大な時間と労力を費やすことがあった。また，彼は世界を体感するために旅をする必要性を感じていた。それは外国ではなく，彼を魅了したのはドイツの風景と建築であり，そして，彼が最も愛したのは故郷のブランデンブルク辺境伯領[8]で，その美しさを他の誰よりも知っていた。バックシュタインゴシック[9]に関

7）（訳注）ハイデルベルクでの人間関係としてとくに重要なこととして，ラスクとマックス・ヴェーバーとの関係が挙げられる。ヴェーバーのサークルを通して，グスタフ・ラートブルフやエルンスト・ブロッホなどとも知り合い影響を与えることになる。ヴェーバー自身も，『ロッシャーとクニース』において，「リッケルトの弟子にして非常に天分にめぐまれているE・ラスクの優れた研究」として，ラスクのフィヒテ論を参照するなど，彼を高く評価しており，毎週日曜の対話を楽しんでいた（Vgl., Éva Karádi, Emil Lask in Heidelberg oder Philosophie als Beruf, in : H. Treiber / K. Sauerland (Hrsg.), *Heidelberg im Schnittpunkt intellektueller Kreise*, Opladen, 1995）。

8）（訳注）ラスクは，現在はポーランドのヴァドヴィツェに生まれ，1885年にベルリンから北西に100キロほどのファルケンベルクに移り住むことになる。おそらく，リッケルトはこれを念頭に「故郷」と書いているのだろう。

9）（訳注）石材が乏しい地域に見られる，煉瓦を主な建材としたゴシック建築のこと。代表的なものとして，リューベックの聖マリア教会，シュトラールズントの聖ニコライ教会，グダニスクの聖マリア教会などがある。

する彼の知識，たとえばコリーン修道院[10]のものについて話すのを聞くことは，非常に魅力的であった。

ただし残念なことに，彼の性格上，人生の楽しみを長期間満喫することができなかった。彼は，自分の学術研究が思うように進展せず，それが重くのしかかり，自分が期待されるほどの業績を残せないのではないか，と恐れていたのである。そのため，彼の中には不安定さと不均衡さが残った。だが，彼は一時的にはそれでも非常に幸せを感じることができたのだった。1907年の手紙にはこう書いてあった。「もし私のハイデルベルクでの生活を見ていただければ，私が非常に甘やかされていることがわかるでしょう。そこで生活する最も貴重な人々と友情を結ぶことが許され，そのうえ，私は彼らから，実際の私よりも，より深い内面，真面目さ，重責を持つ人物と受け止められております。しかし，私はこのことについて悩むのではなく，ただ感謝しかありません」。

たしかに，彼が求めていた結婚における最高の幸福は見つけられず，それは深く悲しむべきことである。なぜなら，彼は真の男性として妻を必要としており，また彼は子供たちとも親密な関係にあったからである[11]。彼が魅力的な仕方で子供たちと遊ぶ様を見たことがない人は，彼を完全には理解することはできない。彼は，彼の偉大な仲間であるデカルトのガラスの悪魔[12]を，まさに名人のように踊

---

10) （訳注）ベルリンから北東およそ60キロほどの街にある，ゴシック様式のシトー会修道院のこと。

11) （訳注）ラスクは Frieda Gross という，アロイス・リールの親戚筋の女性と恋仲であった。この箇所はそのことを示唆しているのかもしれない。

12) （訳注）アルキメデスの原理を利用し，瓶の中のオブジェを上下に動かす玩具のこと。デカルトがこの玩具を発明したことにちなんで「デカルトの悪魔」（英語では，Cartesian diver または Cartesian devil）と呼ばれる。

らせることができ，子供たちが歓喜する中，彼が手助けすると素晴らしいシャボン玉が空中に飛び立ったのである。

彼は，人生を軽く受け止める，ということを残念ながら決して学ぶことはなかった。その情熱的な気質のため，時には自制を失うこともあったし，たしかに欠点があったが，それを誰よりも重く受け止めていたのは当人に他ならなかった。そして，自分自身をきわめて厳しく非難し，自分を苦しめることがあった。しかし，多くの人がそう信じていたようには，彼は本当に不幸な人ではなかった。彼は常に人生および思想と苦闘しており，自分の能力や人間的な意義〔＝人生の価値〕に対しても疑問をもち，苦しんでいた。誰かが自分を満足させてくれても，自分はその人を満足させることは決してできないだろう，こうした不安が彼をしばしば襲ったのである。しかし，彼が本当に絶望的になることは決してなかった。彼は自分の仕事に非常に愛着をもっており，奉仕していた事柄〔＝哲学〕をあまりにも深く信仰していたからである。そして，この事柄，つまり，哲学の問題に対する厳密に学問的な研究は，個人的な動揺や不安要素があっても，彼の人生の中心にあって，確固として濁りのないものでありつづけたのである。たしかに，これは彼の存在全体にとって決定的な意義をもつようになったのだ。というのも，彼の学問的思想がますます形を整えていくにつれ，彼自身も個人的に，より明晰で確信に満ちた堂々とした人物になっていったからである。したがって，彼の人生は，全体として見れば，上昇する軌道をたどっていたと言えるのである。

1910年は，彼の最初の体系的な著作の完成をもたらした。それは『哲学の論理学とカテゴリー論』[13]というタイトルで発表され，このような著作に理解があるところで

---

13) （訳注）翌1911年にモール社から出版された。

は，注目を集めざるを得なかった。そこでは，理論哲学のための非常に包括的なプログラムが企図され，現代の書物の中でも類を見ないものであった。一行一行が刺激的であり，強い魅力があった。それは，事柄として広大で驚くべき視点を開き，同時にその形式と内容において，完全に著者の個人的な特徴を示していた。この著作は，二世界論，つまり，不感性者と感性者との際立った二元論[14]を主張しているが，それでも両者を密接に結び付けており，一方がなければもう一方の真の存在もないことを証明している。ラスク自身に息づいていたもの，つまり，抽象的で概念的な思考と感性的直観への没入との対立が，ここではある意味で世界全体に投影されているのだが，どこをとっても単に個人的な問題として扱われているのではなかった。この著作は，過去の偉大な思想と密接に触れ合いながら，独自の総合の仕方で，これまでの〔哲学史における〕展開の総和を引き出し，これを卓越した新しい建物の基盤とすることを目指している。この思想は，ラスクが一部自ら創り出した言語で表現されており，この言語もまた，彼の個性を完全に反映している。彼はきわめて色あせた〔味気ない〕

---

14) （訳注）「不感性者〔Unsinnliches〕と感性者〔Sinnliches〕」は，ラスクの構想した「哲学の論理学」の基本的な構図である。不感性者とは，具体的には，真理などの様々な価値や意味を指すが，それらは，感性によって捉えることのできる，いわゆるモノ（感性者）ではないため，不感性者とされた。感性者は「存在」というカテゴリーによって，また，不感性者は「妥当」というカテゴリーによって捉えられ，それぞれ異なる領域を成している（感性者は「存在する」のであり，不感性者は「妥当する」のである）。カントがカテゴリーの適用を感性者に制限したのに対し，価値や意味をも認識の対象として確保するこうした試みは，カテゴリー論の拡張として特徴付けることができる。ハイデッガーは1912年の論文「論理学に関する最近の諸研究」において，これを「カントの超越論的論理学のひとつの深化と前進」と表現している（Vgl., *Martin Heidegger Gesamtausgabe*, Bd. 1, Frühe Schriften (GA1), 1978, S. 24）。

抽象概念に対しても，できるだけ具象的でイメージ豊かな表現を模索しているのである。人は，感性的に抽象的な思考について語ることができるだろうが，その定式化においてはおそらく，いくらか強引なところが現れてしまう。だが，その強引さも欠かせないものであり，それさえも基本的な力〔＝哲学的能力，才能〕の証なのである。いずれにせよ，友人たちの間にさえあった，ラスクが彼の約束を守れるのか〔＝哲学の分野で成功できるかどうか〕という疑問は，静まらざるを得なかった。彼はすべての障害を乗り越えて「成功した」のである！

彼の2冊目の著作『判断論』[15]は，1年後に出版された。それは論理的な問題のより包括的な展開の先駆けとして位置付けられるが，特定の領域に限定されている。それは要求的というよりも，落ち着いた調子で詳細に書かれており，そこには，大量の素材が取り込まれている。これまで哲学が展開してきた重要な判断論のどれもが軽視されずに取り上げられており，それでいてすべてが統一された，まったく独自の関係性にまとめられているのである。この著作は，〔判断という〕特定のテーマに限定されているとはいえ，多くの点で包括的な体系全体に言及しており，あらためて，我々の時代の中でもきわめて強力な哲学的才能の一つが，ここに働いていることが示されたのだった。

そのため，外的な成功も得られた。クーノ・フィッシャーの死後空席となっていたハイデルベルクの第二哲学教授職がラスクに提案されたのである。しかし，それは彼にとって，個人的にはそれほど大きな意味のあることではなかった。彼は，若い学生の頃に私に語った言葉に忠実でありつづけたのである。外的な成功にはそれほど関心がなく，むしろ，引き受けるべき職務のために，自分の研究か

15）（訳注）1912年にモール社から出版された。

ら引き離されることを恐れていたのだ。彼は辞退すべきかどうか大いに迷い，実際に辞退する寸前にまでなっていたことを知る者はわずかであろう。自由な講師としての生活のほうが，彼にとってははるかに魅力的に思えたのだが，最終的には彼は受諾した。「必要になれば，帰り路は見つけることができます」と，当時私に書いてよこした。「私はすべてを試練の時期，心理学的実験として見ています。実験心理学のためにも一度は何かしなければならないでしょう」[16]。実験は十分に成功した。彼は後に，正しいことをしたと気づいたのである。

最近，彼は学問の分類と価値の体系化に主に取り組んでいた。ただ，彼は〔何らかの〕発表については，さしあたり当座の報告しか考えていなかった。その後，彼は壮大な『論理学』[17]の構築に取り組むつもりであった。この作品は，さらに長い期間にわたって注力することになるはずのものであった。その間，彼には，倫理学や美学，宗教哲学についての考えも頻繁に頭をよぎっていた。彼にとって，すべては統一的で閉じられた一つの連関の中にあったのだ。〔だが〕彼は『判断論』以来，何も出版してはいなかった。

戦争が勃発すると，彼にとって他のことはすべて二の次になった。彼はただ，祖国に奉仕することだけを考えていたのだ[18]。彼は戦士ではなかったし，この分野〔＝戦場〕での栄誉を期待することはできなかった。彼は安心して家に残ることができたであろう。というのも，誰よりも

---

16) （訳注）ラスクなりのウィットないしユーモアが垣間見える表現となっている。

17) （訳注）おそらく，遺稿に含まれる「論理学の体系について」，「哲学の体系について」，「学問の体系について」において述べられている構想のことと想定される。ただし，これらのタイトルは，全集の編者であるヘリゲルによるものである。

18) （訳注）ラスクは兵役を免除されていたが，自ら志願して軍務に就いた。

〈資料〉　リッカート「序文」　　　207

ラスクが「不可欠」だったからである。しかし，これまでしばしば疑念やためらいに苦しんでいた彼が，今回ばかりは一瞬も迷うことはなかった。彼は最初，駐屯軍務に就いたが，それは彼の望むところではなかった。1915年2月，彼は前線に配属され，3月にはカルパティア山脈から，そこでは，気候や過酷な状況に体力的に苦しんでいる，と私に手紙を書いてよこした。「私は軍人に生まれたのではないので，大きな貢献はできないでしょう。それでも，私はそこにいたいと思っています。どうにかして弾丸の飛び交う戦場で何らかの役割を果たすことが，私には重要なことなのです」。これらの言葉にコメントの必要はないだろう。ラスクの人柄を完全に誤解している人だけが，彼が死を求めていたと受け止めるであろう。そうではない，ラスクは，彼が義務と考えることをするために，前線に出たかったのである。彼にとって，それ以上の「問題」はなかったのだ。もし，彼の最も重要な義務が故郷，すなわち，彼のハイデルベルクの教授職にあると言われていれば，彼は戻ってきたであろう。しかし，ハイデルベルクの人々がそう考えたときには，残念ながらすでに手遅れであった。

　私は1915年5月20日と22日にガリツィアから最後の連絡を受け取った。彼はユーモラスな口調で，わずかな負傷について報告していた。数日後，彼は突撃の際に命を落としたのである。彼の死に関する確かな情報はしばらく得られなかった。彼の個人的な運命についての疑念は，1915年の秋になってようやく解消された。ドイツ哲学は，最も大きな希望の一つを失ってしまったのである…[19]。

---

19)　(訳注) ラスクの戦死にについて，フッサールもまた似たような表現をリッカート宛の書簡で述べている。「ドイツ哲学の最も輝かしい希望のひとつが，彼とともに過ぎ去ってしまった」(Edmund Husserl, *Husserliana Dokumente* Band III: *Briefwechsel* Teil V: *Die Neukantianer*, (hrsg.) Karl Schuhmann in Verbindung mit Elisabeth

ラスクの学問的な遺産の運命は，彼の死後も私の心に残り続けていた。彼は数年間，なにも出版物を出していなかったが，それでも常に集中して研究していたからである。彼は多くのメモを残す習慣があったため，大量の原稿が存在するはずであった。それらの中から，学問のために救えるものはなんでも救い出すことが，私にとっては聖なる義務に思われたのである。しかし，問題が発生した。遺稿は，どうも完全には整理されておらず，大部分はほとんど判読できない状態だったのである。ヘレーネ・ラスク女史は，姉妹の愛情で，多くの文書を解読するという大きな功績を残してくれた。しかし，きわめて重要な部分に関する書き起こしに関して，私はかなり途方に暮れていた。かつては，ラスクと私は細部にわたって考えを交換していたのだが，最近では，それが別のものに変わっていたからである。ラスクは，〔自分の考えが〕内面的に一定のまとまりにまで到達した後で，自分の計画についてより詳しく私と話をするようになっていたのだ。実際，彼は自分が最も熱心に取り組んでいることについて，私との議論を積極的に避けていた。彼は自分自身と一人で向き合う必要があり，かつて自分が出発点とした思想から影響を受けることを避けたかったのだ。そのため，彼の最も実り多き時期の意図について，私はほとんど情報を得ておらず，そのため，彼の完全に混沌とした未完成の記録の中で自分自身を見失ってしまった。すぐに，私は未発表の遺稿の編者に適していないことを自覚せねばならなかったのである。

　戦争中，ドイツには彼の遺稿を編集できる人物がいな

Schuhmann, Dortdrech-Boston-London: Kluwer Academic Publishers, 1994, S. 176)。このフッサールからの手紙は，1915年11月5日付のものであり，彼は，1915年10月17日の『フランクフルターツァイトゥング』朝刊に掲載された，リッカートによるラスクの追悼記事を読んでこの手紙を出している。

かったが, オイゲン・ヘリゲル博士が戦地から帰還してようやく状況が変わった。彼はラスクの教え子の中で〔ラスクに〕最も近しい人物であり, 戦争勃発まで彼ときわめて親密な知的交流を持っていた。彼以外に, ラスクの最近の計画や意図についてより詳細に知っている人はいなかったのである。だが, 彼もまた目の前の資料を完全に理解し, 整理するのに長い時間がかかった。しかし, 彼の亡き人への敬意と愛情が, 最終的に大きな困難を克服した。彼の忠実な努力のおかげで, ラスクの思想が最後の数年間にどの方向に向かっていたのかが, 少なくとも明らかになり, それだけでも重要な意味あることなのだ。ラスクを主にカント的「主観主義」の克服者であり, アリストテレス主義の刷新者として称賛していた人々は, 少し考えを改める必要があるだろう。ラスクは〔過去に〕戻ろうとはしなかった。彼の道は未来を示している。彼が思い描いていた作品全体の輪郭を, 我々は今もなお, せいぜいわずかしか予感できないだろうけれども。

　ラスクの人格はたしかにはっきりと我々の目の前にあり, 彼に本当に近しいすべての人々のなかで生き続けなければならない。彼の精神の息吹を少しでも感じた人は, 彼から強い印象を受けた。一部の人には, 彼は不気味とまでは言えないが異様に思われ, 社会的な常識において「愛らしい」と思われるような人物ではたしかになかった。彼は, 表面的で軽率な性格の人々や, 学術的なマントを風に合わせて着替えるような人々に出会うと, 粗野で容赦がなくなることがあった。彼のウィットは強烈に皮肉的であり, 彼がその矢を放つときに顔にほんの少しの笑みも見えないので, その効果はいっそう鋭く発揮された。それでも, 何人かの人にとっては不快に思われることがあったものの, そのすべては彼の人柄の表面的な部分にすぎなかった。この重々しい真面目な男, 硬く角ばった額, 鋭い輪郭

の横顔，メランコリックな，ほとんど霞んでいる大きな目を持つ彼の中には，繊細で柔らかく，言葉では言い表せないほど優しい心と，人間において善で偉大なものを信じる，揺るぎない，時にはまるで子供のような信念が宿っていた。彼は常に尊敬する意思があったし，たしかに，その不寛容さにもかかわらず，人々を過小評価するよりもむしろ過大評価することが多かった。自然が彼に与えなかったものを，〔つまり〕創造の軽やかさ，人生を深刻な葛藤などなく乗り越える能力を，彼があまり重要ではない人物に対してもとくに賛美し，賞賛している様子は，実に感動的であった。

　彼が愛するとき，それは自分自身を捧げるような熱意と強さを持っており，そして，彼は愛する人物のイメージを自分自身と他人にうまく伝える才能を持っており，その才能は非常に魅力的に働いた。友人に対しては，岩のように信頼のできる忠誠心をもって接し，人に恩を感じた場合は，その人のために尽くし，喜ばせるためにあらゆることをした。ましてや，彼が敬愛する人や愛する人が助けを必要とする場合，彼はどんな犠牲も厭わずに〔自分の力を〕差し出す準備ができていた。彼はすべての時間と力を惜しみなく，完全に自分のことを忘れてまで費やしたのである。この一見すると粗野で「愛されにくい」人物は，実際には，最大の愛に値する人物であり，彼からの愛と信頼を受けたすべての人々にとって，彼がもう生きてはいない今，世界ははるかに貧しく，ずっと冷たく感じられるに違いない。

ラスクの授業一覧[20]

(SS は夏学期,WS は冬学期)

SS 1905
　「歴史哲学と社会哲学」,2 時間,34 名
　「歴史哲学演習」,2 時間,16 名
WS 1905/06
　「文化科学の論理学」,2 時間,27 名
　「歴史科学の論理学演習」,2 時間,12 名
SS 1906
　「法哲学」,2 時間,29 名
　「カント『純粋理性批判』演習」,2 時間,35 名
WS 1906/07
　「カントの認識論」,2 時間,32 名
　「カント『純粋理性批判』演習」,2 時間,19 名
SS 1907
　「認識論的問題」,2 時間,24 名
　「カント『純粋理性批判』演習」,2 時間,13 名
WS 1907/08
　「自然科学の論理に基づく諸問題」,2 時間,19 名
　「カント『プロレゴメナ』演習」,2 時間,22 名
SS 1908
　「歴史哲学」,2 時間,24 名
　「歴史哲学演習」,2 時間,? 名
WS 1908/09
　「認識論的諸問題」,1 時間,35 名

---

20) 参考までに Uwe B. Glatz, *Emil Lask Philosophie im Verhältnis zu Weltanschauung, Leben und Erkenntnis*, Königshausen & Neumann, 2001, 265f. に報告されている,ハイデルベルクにおけるラスクの授業を掲載しておく。

SS 1909
　「より困難な論理的諸問題演習」, 2 時間, ? 名
WS 1909/10
　「カント（を含む）までの新たな哲学の歴史」, 4 時間, 28 名
SS 1910
　「論理学と認識論の根本特徴」, 2 時間, 82 名
WS 1910/11
　「認識論およびカテゴリー論の歴史と体系」, 2 時間, 19 名
　「カント『純粋理性批判』演習」, 2 時間, 22 名
SS 1911
　「学問の体系（方法論の根本的問い）」, 2 時間, 18 名
　「カント『純粋理性批判』演習」, 2 時間, 8 名
WS 1911/12
　「プラトン哲学入門」, 2 時間, 28 名
　「アリストテレス論理学演習」, 2 時間, 11 名
SS 1912
　「カント『純粋理性批判』入門」, 2 時間, 26 名
　「論理学演習」, 2 時間, 12 名
WS 1912/13
　「カテゴリー論演習」, 2 時間, 10 名
SS 1913
　「歴史哲学（歴史科学および文化科学の論理学を含む）」, 2 時間, 42 名
　「講義テーマ演習」, 2 時間, 22 名
WS 1913/14
　「論理学（一般論理学と認識論）」, 4 時間, 44 名
　「美学演習」, 2 時間, ? 名
SS 1914
　「学問論（自然科学および文化科学の哲学の論理学）」, 4 時間, 28 名
　「ミュンスターベルク『価値の哲学』(1908) 演習」, 2 時間, 24 名
WS 1914/15
　［告知］「哲学入門」, 4 時間

〈資料〉 ラスクの授業一覧　　213

「倫理学演習」, 2 時間
SS 1915
　[告知]「哲学入門」, 4 時間
　「倫理学演習」, 2 時間

訳者あとがき

　私にとって書簡という形態のテクストを翻訳するのは、これがはじめてとなります。学術論文や著作にはそれに相応しい論理が通底しているため、地道に読解を続けていけば、なんとか筋が通ってくるものです。それらとは異なり書簡は、私的であるがゆえに、当事者でないとなかなか状況が摑めないような文脈や、とくに段落が変わらないまま別の話題に移行したりするなど、文意を正確に読み取れない箇所も少なからずありました。亀甲括弧による補足を加え、なんとか読み下せるようにはしたつもりです。誤読、誤訳がなるたけ少ないことを祈りつつ、本書をきっかけに、原書を読解する際の梯子にしていただければ幸いです。

　また、既述のように、公的な目に晒されるアカデミックなテクストではなく、このような私信の翻訳は、とくに日本語の場合、主語の選定や文末表現の仕方によってその印象がかなり異なってくるでしょう。1 人称単数 ich は「私」、複数 wir は「我々」と当たり障りのない訳を選択しましたが、それでも、「私」は「わたし」ではなく「わたくし」と読ませた方がいいのか、漢字の「我々」ではなくひらがなの「われわれ」、あるいは「私ども」もありうるのか、などの可能性は当然残り続けます。また、文末表現にしても、常体ではなく敬体を基本にするにしても、この書簡集の場合は師弟関係のやり取りであるため、尊敬語、

訳者あとがき

謙譲語，丁寧語も考慮しなければなりません。かてて加えて，ドイツ語の心態詞や副詞によって表現される微妙な心の機微を正確に訳文に落とし込むことは，おそらくできていないと思います。したがって，皆さんが本書を読んで受けるリッカートとハイデッガーの印象は，あくまでもひとつの印象ということになりますので，訳者としては，20代前半の哲学を学ぶ学生と50歳手前の大学教授との関係が，1910年代のドイツにおいて実質的にどのようなものであったのかを想像しながら，個々の表現を皆さんなりに脳内変換していただければと思います。

ところで，解説にも書いたように，この書簡におけるもう一人の主役としてエミル・ラスクの存在をあげないわけにはいきません。この翻訳をきっかけに，少しでもリッカートやラスク，さらには新カント派の哲学者たちに関心を持ってもらえれば，訳者としてはこの上ない喜びです。

私としては，今回の翻訳を通していくつもの課題を与えられたように思います。たとえば，資料として掲載されている「問いと判断」の読解です。演習での発表ということもありますが，リッカートの『認識の対象』や「認識論の二つの道」をはじめとする諸々の論考に関する知識がないと理解することは難しく，また，ラスクの影響も多分に看取されるため，彼らの著作にもっと時間をかけて取り組まねばならないと痛感しました。それだけではなく，ハイデッガーが修学時代から私講師時代に読み込んでいた，ロッツェ，ヴント，コーエン，ナトルプなどの著作にもしっかりと格闘しなさい，と言われているようにも感じました。そうした作業は，ヘーゲル以後の19世紀という，「暗い時代」のドイツ哲学史を新たに照射する課題にも通じているのではないかと思います。これからこうした課題に少しずつでも取り組み，応答できればと思っております。

最後に，本書簡集の編集を担当していただいた，知泉書館編集部の齋藤裕之氏に心より感謝申し上げます。齋藤くん（と呼ばせていただきます）とは，同じ大学の出身で，私の記憶が確かならば，彼が学部生，私が大学院生の頃からの付き合いになります。今回，このようなかたちで齋藤くんと一緒に仕事ができたことを大変嬉しく思っております。

　2024 年 11 月

渡辺　和典

人名索引

ア 行

アウグスティヌス（Augustinus） ・・・・・・・・・・・・・ 8, 13, 14, 74, 94–96
アリストテレス（Aristoteles） ・・・・・・・ 9, 11, 24, 28, 35, 83, 96, 98, 99, 126, 128, 165, 176, 177, 201, 209, 212
アレント（Hannah Arendt） ・・・・・・・・・・・・・・・・・・・・・・・・・ 106, 170
ヴィンデルバント（Wilhelm Windelband） ・・・・ 27, 39, 40, 43, 60, 69, 106, 107, 110, 184, 190, 191, 200
ヴェーバー（Max Weber） ・・・・・・・・・・・・・・・・・・・・・ 39, 40, 191, 201
ヴェルナー（Karl Werner） ・・・・・・・・・・・・・・・・・・・・・・・・・・・・・・・ 165
ヴェントシャー（Max Wentscher） ・・・・・・・・・・・・・・・・・・・・・・・・・ 62
ヴント（Wilhelm Wundt） ・・・・・・・・・・・・・・・ 17, 21, 22, 61, 69, 161, 215
エッティンガー（Max Ettinger） ・・・・・・・・・・・・・・・・・・・・・・・・・ 172
エビングハウス（Julius Ebbinghaus） ・・・・・・・・・・・・・・・・・・・・・・・ 30
エルトマン（Benno Erdmann） ・・・・・・・・・・・・・・・・・・・・・・・ 107, 110
エルフルト（Thomas von Erfurt） ・・・・・・・・・・・・・・・・・・・・・・・・・ 27
オイケン（Rudolf Eucken） ・・・・・・・・・・・・・・・・・・・・・・・・・・・・・・・ 16

カ 行

ガイザー（Joseph Geyser） ・・・・・・・・・・・・・・・・・・ 51, 67, 69, 71, 76, 77
カッシーラー（Ernst Cassirer） ・・・・・・・・・・・・・ 107, 109, 111, 141, 142
ガリレイ（Galileo Galilei） ・・・・・・・・・・・・・・・・・・・・・・・・・・・・・・ 140
カント（Immanuel Kant） ・・・ 7, 9–11, 16, 30, 84, 87, 107–15, 131, 175, 176, 178, 181–84, 194, 201, 204, 209, 211, 212
キナスト（Reinhard Kynast） ・・・・・・・・・・・・・・・・・・・・・・・・ 80, 81, 83
キュルペ（Oswald Külpe） ・・・・・・・・・・・・・・・・・・・・・・・・・・・・ 14, 15
キルケゴール（Sören Kirkegaard） ・・・・・・・・・・・・・・・・・ 116, 132, 133
クレープス（Engelbert Krebs） ・・・・・・・・・・・ 7, 9, 10, 51, 77, 167, 169
クローナー（Richard Kroner） ・・・・・・・・・・・・・・・・・・・ 16, 73, 74, 85
コーエン（Hermann Cohen） ・・・・・・・ 15, 107, 109, 110, 113, 193, 215

サ 行

ザウアー（Joseph Sauer） ・・・・・・・・・・・・・・・・・・・・・・・・・・・ 7, 10, 11
シェーラー（Max Scheler） ・・・・・・・・・・・・・・・・・・・・・ 17, 98–100, 126
ジーベック（Paul Siebeck） ・・・・・・・・・・・・・・・・・・・・・ 47–49, 60, 93

218　人名索引

シュナイダー（Arthur Carl Augst Schneider）‥‥ 11, 48, 51, 53, 157, 161, 162, 170
シュルツェ＝ゲフェルニッツ（Gerhart von Schulze-Gävernitz）‥ 76, 78
ジンメル（Georg Simmel）‥‥‥‥‥‥‥‥‥‥‥‥‥ 13, 17, 18, 21

タ　行

ツェラー（Eduard Zeller）‥‥‥‥‥‥‥‥‥‥‥‥‥‥‥‥‥ 40
ディルタイ（Wilhelm Dilthey）‥‥‥‥‥‥ 21, 22, 56, 62, 85, 99, 110
ドゥンス・スコトゥス（Duns Scotus）‥‥‥ 9, 24–28, 33, 34, 58, 113, 163, 165, 166, 170, 176
トレルチ（Ernst Troeltsch）‥‥‥‥‥‥‥‥ 16, 39, 73, 74, 76, 93, 96

ナ　行

ナトルプ（Paul Natorp）‥‥‥‥ 13, 15, 16, 29, 77, 84, 87, 99, 193, 215
ニーチェ（Friedrich Nietzsche）‥‥‥‥‥‥‥‥ 9, 116, 182, 183, 190

ハ　行

ハイデッガー，フリッツ（Fritz Heidegger）‥‥‥‥‥‥‥‥‥ 37
ハイデッガー，フリードリヒ（Friedrich Heidegger）‥‥‥‥ 25, 159
ハイデッガー，ヘルマン（Hermann Heidegger）‥‥‥ 4, 92, 171, 172
ハイデッガー＝ケンプフ，ヨハンナ（Johanna Heidegger-Kempf）
‥‥‥‥‥‥‥‥‥‥‥‥‥‥‥‥‥‥‥‥‥‥‥‥‥‥ 25, 159
ハイデッガー＝ペトリ，エルフリーデ（Elfride Heidegger-Petri）‥‥ 78
ハイムゼート（Heinz Heimsoeth）‥‥‥‥‥‥‥‥‥‥‥‥ 111, 113
バウフ（Bruno Bauch）‥‥‥‥‥‥‥‥‥‥‥‥‥‥‥‥‥‥‥ 84
ハルデン（Maximilian Harden）‥‥‥‥‥‥‥‥‥‥‥‥‥‥‥ 18
ハルトマン（Nicolai Hartmann）‥‥‥‥‥‥‥‥‥‥ 16, 126, 128
ファイヒンガー（Hans Vaihinger）‥‥‥‥‥‥‥‥‥‥‥‥ 7, 10
ファウスト（August Faust）‥‥‥‥‥‥‥ 112, 114, 117, 121, 122
フィッシャー（Kuno Fischer）‥‥‥‥‥‥‥‥‥‥‥ 40, 199, 205
フィンケ（Heinrich Finke）‥‥‥‥‥‥ 26, 46, 47, 48, 51, 157, 169
フェデリチ（Federico Federici）‥‥‥‥‥‥‥‥‥‥‥‥ 130, 131
フェルマー（Pierre de Fermat）‥‥‥‥‥‥‥‥‥‥‥‥‥‥ 150
フッサール（Edmund Husserl）‥‥‥ 13, 16, 22, 30, 31, 37, 47, 48, 56, 70, 79, 80–82, 84, 87, 91, 92, 95, 99, 103, 106, 108, 113, 127, 129, 169, 185, 191, 207, 208
プフェンダー（Alexander Pfänder）‥‥‥‥‥‥‥‥‥‥‥‥‥ 17
プラトン（Plato）‥‥‥‥‥‥‥‥‥‥‥ 16, 77, 109, 131, 201, 212
プラントル（Carl von Prantl）‥‥‥‥‥‥‥‥‥‥‥‥‥‥‥ 165

人名索引　219

フリッシュアイゼン＝ケーラー（Max Frischeisen-Köhler） ····· 140
ブレヒト（Franz Joseph Brecht） ························ 130–33
ブロッホマン（Elisabeth Blochmann） ···················· 118, 124
プロティノス（Plotin） ····························· 94, 96, 165
ヘーゲル（Georg Wilhelm Friedrich Hegel） ······ 30–33, 60, 93, 112, 132, 133, 156, 182, 200, 215
ヘフター（Lothar Heffter） ································ 157
ベーメ（Jakob Böhme） ··································· 114
ベルクソン（Henri Bergson） ··························· 9, 182
ボイムカー（Clemens Baeumker） ··············· 10, 59, 61, 63
ボルツマン（Ludwig Eduard Boltzmann） ··················· 14, 18

マ・ヤ　行

マイアー（Hans Maier） ······················· 31, 113, 118, 161
マイネッケ（Friedrich Meinecke） ······················ 16, 76, 78
マルベ（Karl Marbe） ······························ 13–15, 172
マーンケ（Dietrich Mahnke） ···························· 80, 81
ミッシュ（Georg Misch） ··························· 60, 62, 99
ミュンスターベルク（Hugo Münsterberg） ·········· 65, 66, 68, 212
メーリス（Karl Mehlis） ···································· 16

ヤスパース（Karl Jaspers） ······ 40, 74, 85, 88–91, 98, 106, 118, 119, 124, 130, 131, 169, 170, 174, 200

ラ　行

ライプニッツ（Gottofried Wilhelm Leibniz） ············ 81, 126, 128
ラスク，エミル（Emil Lask） ··· 24, 26, 29–31, 35–37, 39, 40, 43, 45, 47, 52–59, 65, 77, 83, 84, 90, 94, 96, 101, 102, 166, 167, 169, 184, 188–91, 193–97, 199–201, 204–09, 211, 215
ラスク，ヘレーネ（Helene Lask） ························ 53, 208
ランク（Ludwig Albert Lang） ····················· 15, 40, 48, 208
ランプレヒト（Karl Lamprecht） ······················· 13, 17, 18
リッカート，アーノルト（Arnold Rickert） ··············· 106, 109
リッカート，ハインリヒ・ジュニア（Heinrich Jr. Rickert） ······ 37
リッカート＝カイベル，ゾフィー（Sophie Rickert-Keibel） ····· 37
リップス（Theodor Lipps） ························· 13, 17, 161
リール（Alois Riehl） ······························ 107, 110, 190
ロッツェ（Rudolf Hermann Lotze） ·········· 60–63, 65, 143, 183, 215

渡辺　和典（わたなべ・かずのり）
2009年学習院大学人文科学研究科哲学専攻博士後期課程単位取得退学。博士（哲学, 学習院大学）。叡啓大学ソーシャルシステムデザイン学部准教授。
主要業績:『最初期ハイデッガーの意味論——発生・形成・展開』晃洋書房, 2014年 /「ラスクとは誰であったのか——人的交流とその影響」(『理想　特集 世紀末を超えるドイツ哲学』703号, 理想社, 2019年) /『モナドから現存在へ』（共編著）工作舎, 2022年 /『ドイツ哲学入門』（共編著）ミネルヴァ書房, 2024年など。

〔ハイデッガー＝リッカート往復書簡〕　　ISBN978-4-86285-426-1

2025年 1月20日　第1刷印刷
2025年 1月25日　第1刷発行

訳者　　渡　辺　和　典
発行者　小　山　光　夫
印刷者　藤　原　愛　子

発行所　〒113-0033 東京都文京区本郷 1-13-2
電話 03 (3814) 6161 振替 00120-6-117170
http://www.chisen.co.jp
株式会社　知泉書館

Printed in Japan　　印刷・製本／藤原印刷

ハイデガーと神学
茂 牧人　　　　　　　　　　　　　　A5/300p/5000 円

否定神学と〈形而上学の克服〉 シェリングからハイデガーへ
茂 牧人　　　　　　　　　　　　　　A5/290p/4500 円

解体と遡行 ハイデガーと形而上学の歴史
村井則夫　　　　　　　　　　　　　　A5/376p/6000 円

現象学と形而上学
武内 大　　　　　　　　　　　　　　A5/256p/4200 円

マックス・シェーラー 思想の核心 価値・他者・愛・人格・宗教
金子晴勇　　　　　　　　　　　　四六/266p/2300 円

文化哲学入門　　　　　　　　　　　[知泉学術叢書]
R. コナースマン／下田和宣訳　　　　　新書/226p/2700 円

人間学入門 自己とは何か
金子晴勇　　　　　　　　　　　　四六/270p/2300 円

人文学の可能性 言語・歴史・形象
村井則夫　　　　　　　　　　　　四六/488p/4500 円

人文学の論理 五つの論考
E. カッシーラー／齊藤伸訳　　　　　四六/246p/3200 円

ゲーテとドイツ精神史 講義・講演集より [知泉学術叢書]
E. カッシーラー／田中亮平・森淑仁編訳　新書/472p/5000 円

歴史と解釈学 《ベルリン精神》の系譜学
安酸敏眞　　　　　　　　　　　　　　A5/608p/8500 円

解釈学と批判 古典文献学の精髄
安酸敏眞　　　　　　　　　　　　　　菊/420p/6000 円

トレルチにおける歴史と共同体
小柳敦史　　　　　　　　　　　　　　菊/260p/4600 円

存在の一義性 ヨーロッパ中世の形而上学 [知泉学術叢書]
ドゥンス・スコトゥス／八木雄二訳註　　新書/816p/7000 円

カントが中世から学んだ「直観認識」 スコトゥスの「想起説」読解
八木雄二　　　　　　　　　　　　四六/240p/3200 円

(本体価格, 税友表示)